ディアンジェロ
《ヴードゥー》がかけた
グルーヴの呪文

Faith A. Pennick
Translated by Motoko Oshino

謝辞

ありがとう……
リア・バブ＝ローゼンフェルド
クレイグ・ベルチャー
ジョシュア・バーソン
ジェイソン・キング
ビル・マッギー
ローラ・ライス
メーガン・リックボーン
コートニー・E・スミス
グレッチェン・ストールチェ
ブリアナ・ヤンガー

コメントの掲載を快諾してくれた友人たち。

インタヴューに応じ、貴重な時間を私に割いてくれた皆さん。

キードラ・チェイニー。こうなったのも、あなたの、せい！（追伸：アイ・ラヴ・ユー）

この本をまとめる手助けをしてくれた編集のミッシェル・チェン。

私を33 1／3のラインナップに入れてくれたゲイル・ウォルドには、限りない謝意を。

多忙な折を縫って、思慮深い意見をくれたご厚意に感謝します。あなたは私のヴードゥー司祭！

そして何よりも、その歌で私をやさしく殺してくれる、ヴァージニア州リッチモンドで生まれた、内気で複雑なみずがめ座《アクエリアン》のあなたに、ありがとう。

D'Angelo's Voodoo
by Faith A. Pennick

This translation of D'Angelo's Voodoo is published
by arrangement with Bloomsbury Publishing Inc.
Japanese translation rights arranged with
Bloomsbury Publishing Inc.
through Japan UNI Agency, Inc., Tokyo

Translated by Motoko Oshino
Published in Japan
by Disk Union Co., Ltd.

過去は現在の序章《プロローグ》

「君のTシャツ、いいね！」

リッチモンド・ジャズ・フェスティヴァルで、すれ違った男性が叫んだ。二〇一八年八月の蒸し暑い日。私たちはエアコンの効いたテントの中で、激しく熱い演奏を繰り広げるピアニストのクリスチャン・サンズに見惚れていた。悪天候でフライトが遅れたために、サンズの出番が遅れた。そのため、私が最寄りの仮設トイレに行く時間も遅れた。その男性はテントの後方、出入り口の近くに立ち、友人とサンズに見入っていた。彼はすれ違った私に声をかけ、私は振り返って気づいた。私と同じツアーTシャツを着ている。趣味の良い服のドッペルゲンガーだと思った。私は微笑むと、彼に向かって引き返した。私たちは、すぐさまハグをした。

私を褒めた若い男性は、新進気鋭のジャズ・ギタリストだった。同じショウを見たのか私に尋ねると、そのショウについて夢中で話した（私がそのアーティストを見たのはニューヨークだったので、同じ公演ではなかった）。同じTシャツを着ている人に会って、気恥ずかしさが薄れた。根拠のない理由だとは分かっているが、シンガー／ソングライターの最新アルバムのジャケットが胸についたTシャツを着るのは、「ビートルジュース」と言って、幽霊を呼び出すような気分だった。彼の故郷リッチモンドで、その名を呼び出すべきではないと思ったのだ。

私はこの服のチョイスに尻込みして、あやうく断念するところだった。旅の身づくりをしながらスーツケースにTシャツを放り込んだ時、ヴァージニア州リッチモンドでも指折りの成功を収め、高い評価を受けているアーティスト（極めて厄介な人物でもある）のTシャツを着るのは、あまりにもわざとらしく、陳腐になりかねないと感じたためだ。ミネアポリスの人々は、プリンスがデカデカとついたTシャツを着て、街を歩くもの？　これって、ファンのエチケットとして許される？

フェスティヴァル当日の早朝、ダウンタウンにあるホテルの一室で着替えながら、私は思った。「まあ、いいか。ただのTシャツなんだし」。少なくとも、彼は今でも魅力的で際立ったアーティストだということを、彼の生まれ故郷に示すことになるだろう。

過去十年の大半で彼は身を持ち崩し、罪を犯して逮捕されたこともあった。それでも、ミュージシャンとして、リッチモンド出身者としての彼の重要性は、こうした暗雲を消し去るものだった。彼は現在も、そしてこれからも重要な存在なのだ。

私はクローゼットのドアを勢いよく開けると、二〇一五年のディアンジェロ《Black Messiah: The Second Coming》ツアーで買った記念品を取り出した。黒いTシャツを頭から被って着ると、化粧をして、アールデコ調のイヤリングをつけ、日焼け止めを塗った。持ち物とコーヒーを手にして、私は外に出た。快晴の日、彼が驚異的な旅路を始めた場所からそう遠くないメイモントの緑豊かな土地で、音楽に満ちた一日を過ごすために。

CONTENTS

◉本文に関する注記

脚注のない発言は、著者が本書のために行なったインタヴューからの引用。
または、著者に直接伝えられた逸話／コメントである。

◉凡例

文中のアルバム名は《　》、楽曲名は〈　〉で記した。
映画・テレビ番組名は『　』で記し、初出時のみ原題を併記。
[　] は原著者による。訳者による補足は〔　〕で示した。

CHAP 01

第一章

呪文は唱えられた

THE SPELL IS CAST

voodoo（名詞）頻度は高くないがvodouとも表記：アフリカの多神教と先祖崇拝から派生した宗教。主にハイチで信仰されている——メリアム・ウェブスター辞典

友人のミシェルが、私のためにカセットテープを作ってくれた。これまでにも、彼女は何度かカセットテープを作ってくれていて、大抵は私がまだ聴いていないアルバムだった。私たちは、ブルックリンのフォート・グリーンで近所に住んでいた。二〇〇〇年初頭のニューヨークにおける「ブラック・ボヘミアン」ライフの中心地だ。気軽に落ち合って、彼女が見つけた新しい音楽をもらっていた。ナップスターが誕生して数カ月が経っていたものの、一般に音楽をシェアする方法としては、いまだ「ミックステープ」の類が人気だった。

ミシェルも私と同じく幅広いジャンルを聴いていたため、私は彼女の判断を信頼していた。コピーしてもらったアルバムは、彼女をはじめファンのあいだで前評判が高かった一枚だ。R&B界の次なる逸材発見と、多くの評論家やリスナーが賞賛した前作のデビュー・アルバムから五年。シンガー、ソングライター、プロデューサーで、複数の楽器も駆使するこのアーティストは、全身全霊をかけて〝真の〟ソウル・ミュー

ジックを広く伝える大使となり、一九九〇年代にソウル・ミュージックから失われてしまったとされていた、ルーツの明確なサウンドを提示している。これが共通の評価だった。ディアンジェロの前作《Brown Sugar》は、ジェネレーションXの黒人たちの幼年時代を浮き彫りにするかのような音楽だった。両親がダンスし、ドライヴし、バーベキューし、愛を交わす時にかけていた音楽。マーヴィン・ゲイ、アル・グリーン、スライ・ストーン、スティーヴィー・ワンダー、カーティス・メイフィールド、スモーキー・ロビンソンを彷彿させた（なお、ロビンソンのカバー〈Cruisin'〉は、同アルバムからの人気シングルとなった）。アルバムのタイトル・トラックは、彼が愛するふたつのもの——美しい黒人女性と大好きなマリファナ——を強く求める官能的な楽曲だ。

一九九〇年代は、ジャネット・ジャクソンやホイットニー・ヒューストンのようなスーパースターが、それぞれのルーツ（前者はR&B、後者はゴスペル）を超えて活躍していた。ジャネットの兄のマイケルは、十年前にスーパースターへの転身を成し遂げていた。一見は黒人女性と分からないものの、一聴すればその歌声は明らかに黒人女性だと分かったマライア・キャリーは、一点の曇りもない五オクターヴの声域で、

「ドゥワップ」調のパワー・バラード〈Vision of Love〉を歌い上げると、ポップ・ミュージック界で大ブレイクを果たした。その他の女性シンガーや「ガール・グループ」も、一九九〇年のR&Bミュージックを席巻していた。メアリー・J・ブライジ、デボラ・コックス、SWV、ブランディ、TLC。そして、初々しいリード・シンガーのフォーメーションが原動力となったヒューストン出身の四人組、デスティニーズ・チャイルド。しかし、どの女性アーティストも、ダンサブルなグルーヴや、一緒に歌いたくなるようなラヴ・バラードという、絶対に失敗のない様式を守っていた。どれもがシャワーや車、カラオケ・バーにぴったりな音楽だ。

一九八〇年代後半から一九九〇年代を通じて、数名の男性ソングライターやプロデューサーも、ブラック・ラジオでかかる音楽のスタンダードを決める上で、重要な役割を果たした。東海岸で台頭したのはテディ・ライリー（ガイ、レックスン・エフェクト、ボビー・ブラウンの〈My Prerogative〉）だ。彼はR&Bラジオに「ニュー・ジャック」サウンドをもたらした。ミネアポリスからは、ジミー・ジャムとテリー・ルイスが出現した。二人はジャネット・ジャクソンの音楽キャリアを再生させた立役者で、プリンスに次いでミネアポリスが誇る大物ミュージシャンでもあった。他にも、中西部出身のケネス〝ベイビーフェイス〟エドモンズとアントニオ〝L.A.〟リードは、所属していたザ・ディールの影から抜け出すと、R&Bヒット量産デュオとしての地位に就いた（ベイビーフェイスはまた、アダルト・コンテンポラリー・チャートで首位を獲得するバラード歌手としても、独自のニッチを確立した）。

ロサンゼルスでは、大御所クインシー・ジョーンズが自身名義のコンピレーション・アルバムをはじめ、ジェイムズ・イングラム、パティ・オースティン、テヴィン・キャンベルの音楽を手がけた。また彼は、マイケル・ジャクソンのプロデュースで最もよく知られている。ロサンゼルスの北に位置するカリフォルニア州オークランドでは、トニ！トニ！トニ！が〈Feels Good〉、〈Anniversary〉、〈It Never Rains (in Southern California)〉といったラジオ受けする楽曲をヒットさせていた。なお、同グループのリード・シンガーで共同ソングライターのラファエル・サディークは、《Brown Sugar》でディアンジェロと〈Lady〉を共作。ディアンジェロのセカンド・アルバムにも大きな足跡を残すことになる。

しかし、R&B界で、ジャンルを変化させ、破壊するような仕事をしていたのは誰だろうか？　この問いの答えがプリンスであることは明らかだ。彼はマイケル・ジャクソンと同様、一九八〇年代に爆発的な人気を博した。アルバム《1999》と《Purple Rain》で、プリンスはスタジアムを満杯にする超大物アーティストへと飛躍した。シンガー、ソングライター、ミュージシャンとしての彼の力量は、ジャンルをも超越した。

一九九七年には、ダラス出身のエリカ・バドゥが斬新な《Baduizm》でデビューを飾った。これは、一九七〇年代のアーシーなR&Bのヴァイブスにヒップホップの感性を組み合わせたアルバムで、静かな熱を帯びたバドゥのヴォーカルは、ビリー・ホリデイやダイナ・ワシントンを想起させた。自由で軽やかなイメージとマッチする滑らかなファルセットで歌うマックスウェルも、一九七〇年代半ばに人気を博した「クワイエット・ストーム」サウンドを現代にアップデートすることで、R&Bという音楽のあり方に挑戦し、成功を収めた。マックスウェルの個性的で美しいルックスと、チャーミングな存在感も、女性ファンを魅了した。彼とディアンジェロは、「女性に人気のネオソウル・アーティスト」として一括りにされることも多かった。

一九八〇年代にラップとヒップホップの人気が高まったことで、一九九〇年代にデビューした多くのアーティストが影響を受けた。ヒップホップで育った一九九〇年代のミュージシャンは、ライムとサンプルを超えた新しい形態のヒップホップを作り出した。バドゥと同じように、ザ・ルーツ、デ・ラ・ソウル、ア・トライブ・コールド・クエスト、アレステッド・ディベロップメント、ディガブル・プラネッツ、フージーズといったグループは、R&B、ヒップホップ、ジャズを融合する遊び場を築き上げると、フッドの心意気を持つフッドの人々に訴求する音楽を作った。フージーズのメンバーだったローリン・ヒルは、マルチプラチナのセールスを記録し、複数のグラミー賞を獲得したソロ・アルバム《The Miseducation of Lauryn Hill》で、このフォーミュラをさらなる高みへと引き上げた。

彼らをはじめ、同好のミュージシャンは、新世代のブラック・ミュージシャンを鼓舞する音風景を形成していた。貪欲なソウル・ファンは、刺激的ながらもそこまで才能に恵まれているとは言えないレコーディング・アーティストの作品を聴いて、自身の欲求に都合をつけていた。しかし、こうしたアーティストがどれほどファンから愛されていたとしても、一九九五年にリリースされた《Brown Sugar》に続くアルバムほど、大勢の人々が息をのんで待ち望んでいた作品はなかった。

《Brown Sugar》は「現代のオールドスクール」とファンから受け入れられていたが、このニュー・アルバムときたら……あらゆる人々の渇きを癒す水になるだろう。ディアンジェロはある意味、自身と同輩たちが水流の中に滑り込ませていた音楽的要素をまとめ上げていた。《Voodoo》と題されたニュー・アルバムは、ジャンルの壁をぶち壊しただけでなく、良質ではあれ音楽的には単純だったファースト・アルバムを蒸発させてしまった。ディアンジェロは、業界屈指のミュージシャンと仕事をして、プロダクションの質とソングライティングの技術をさらに高めた。当時のマネージャー、ドミニク・トレニアによれば、声をかけられたミュージシャンは「チャンプとスパーリングする」[*1]チャンスに飛びついたという。

しかし、チャンプがリングに戻ると、奇妙なことが起こった……ヴィデオ。あ、あのヴィデオ。ディアンジェロがおそらく一糸まとわぬ姿で、まっすぐカメラを見つめながら歌うミュージック・ヴィデオ。ワンテイクで撮影されたと思われるヴィデオ。彫刻のようなチョコレート色の肢体に玉のような汗を滴らせながら、「どんな気分？」と尋ねる彼の口。アルバムがリリースされる二カ月前に公開された〈Untitled（How Does It Feel)〉〔のヴィデオ〕は、特にアフリカン・アメリカン女性のあいだで文化的なセンセーションを巻き起こした。淫らなイメージと隠喩的な切望が津波のように押し寄せる「あのヴィデオ」（ブラック・ピープルのあいだではそう呼ばれるようになった）で、多くの女性は文字どおり言葉を失った。とはいえ、あのミュージック・ヴィデオは、強く人目を引くという意味では大ホームランを放ったが、宣伝しようとしていた楽曲の影を薄くしてしまったようだ。

ディアンジェロにソウル・ミュージック界のスーパーマン役を期待するのは酷だったが、それでも当時の彼は、そのプレッシャーに動揺してはいなかった。しかし、「セックス・シンボル」というイメージは、彼にとっての弱点《クリプトナイト》となった。

これについてはのちに詳述する。

二〇〇〇年二月にミシェルからテープをもらった時には、アルバムのリリースから一カ月近くが経過していた。彼女からEメールで注意書きが届いた。《Voodoo》はあまり好きではない。前作ほどは良くない。彼女のコメントは、参考として心に留めておいた。あくまで個人的な意見だが、私は《Brown Sugar》が過大評価されていると思っていた。シングルは好きだった（特に気に入っていたのは〈Lady〉だ）。それでも、大勢の人々が贈っていた最上級の賛辞には同意できなかった。私には、《Brown Sugar》がマーヴィン・ゲイの模造アルバムに聞こえたのだ。彼の音楽的な才能を疑ってはいなかったが、本物を好きな時に聴けるというのに、なぜ模倣者を聴く？　《Voodoo》

がリリースされた時、私は他の人たちのようには大きな期待を抱いてはいなかったため、先入観なくアルバムを聴いた。

カセットをデッキに挿入して、「再生」を押す。アフリカのドラムとトライバルな詠唱が次第に音量を増し、私の小さなアパートを満たした。シンガーと熟練ミュージシャンの囁き声が忍び寄り、どんどん大きくなると、私は文字どおり驚いて動きを止めた。それは、アーティストとリスナーの喜ばしい新たな邂逅《かいこう》で、不意打ちで始まった音楽の祝宴だった。

最初の数秒で、「わあ、何かが起こる!」と思った。アルバムは始まったばかりで、その「何か」さえはっきりと説明することはできなかった。ディアンジェロのヴォーカルが私のスピーカーを突き破った時、地震のように魂が振動するのを感じた。アルバムの一曲目〈Playa Playa〉の冒頭を飾るホーン・アレンジメントは、クラリオンだった。オールド・ソウルで装飾されてはいるものの、音楽、愛、セックス、苦悩、プライド、スピリットが新たな手法で語られている空間に、足を踏み入れてしまった。すぐさま私は、彼の音楽に合わせて激しく踊りはじめていた。悪魔の思う壺だ。蛇は古い皮を脱ぎ捨て、新しい体で這い出してきた。これが彼の執り行うヴードゥーなのだ。

《Voodoo》は、ロック、ソウル、ゴスペル、ヒップホップ、ジャズ、アフリカとカリブの先住民音楽をごった煮にしたガンボだ。名声の落とし穴、愛の始まりと終わり、肉欲、子どもの誕生などが歌われている。私はアルバムを聴き終えると、数分のあいだ、まるで吸い込まれるかのようにステレオを見つめていた。アルバムを聴いていた七十九分のあいだで、私の人生が歌われ、私の人生が変わった。なぜ彼は、私の熱い思いを知っていたのだろう？　なぜ私の恐れを明確に語れた？　なぜ私の欲望まで体現できた？　誰が彼に話したの?!!　かつての私は軽率にも、「オールドスクールなモータウンの模倣者」だと、彼に取り合っていなかった。信じられなかった。ヴァージニア州の州都で生まれたあの「ＰＫ（牧師の子ども《プリーチャーズ・キッド》）」が、私の脳を溶かし、私の感情を高ぶらせるサウンドの祝宴を作り出したなんて。アルバムは、八カ月もの長きにわたり、私のＣＤプレイヤーを独占した。

　際立った音楽的才能と同様に印象的だったのは、アルバムのリリース当時まだ二十五歳だったディアンジェロ（本名マイケル・アーチャー）が《Voodoo》で示した高度な感情的知性だ。《Voodoo》は、若者の作品ではなかった。これは、成熟した大人、音楽業界の実力者の作品だ。《Voodoo》はソウルフルかつリアルなオペラ。全神経を集中して聴く必要がある。高い音楽性とは裏腹に、あるいはそのせいか、《Voodoo》はラジオ受けするアルバムではなかった。一部のファンの期待に反して、前作《Brown Sugar》のように一緒に歌える作品にもならなかった。〈Untitled〉のヴィデオが高い人気を博したのとは対照的に、コアなR&Bファンを超えた一般の聴衆を獲得することができなかったのは、こうした要素／性質のためだ。それでも最終的に、《Voodoo》は百万枚以上のセールスを記録し、グラミー賞を二部門で受賞した。また、音楽評論家からは、ほぼ満場一致で賞賛を浴びた。

《Voodoo》は傑作に他ならない。ギタリストのチャーリー・ハンターは、「知性と直感の完璧な融合」[*2]と同アルバムを適切に表現している。時間の経過（そして《Voodoo》をクリエイティヴに継承し、進化させた二〇一四年のアルバム《Black Messiah》）とともに、このアルバムを聴くことが容易になったのだろう。リリースから時間が経ったことで、アルバムを批判していた人々や、そこまでアルバムに思い入れのなかったリスナーも、ディアンジェロとコラボレーターが織りなした複雑なタペストリーにしっかりと耳を傾け、真価を発揮した若き黒人アーティストの飛躍的成長と功績を評価することができるようになったのかもしれない。

本書では、《Voodoo》が誕生した経緯、アルバムに関わった人々、収録曲が人々に残した印象や影響のほか、同作がいかにアフリカン・アメリカン男性の恐れと弱さに踏み込んだか、〝タイトルのない〟ミュージック・ヴィデオがいかにアルバムを飲み込み、作った本人を破壊しかけたかについて掘り下げていく。

友人からテープをもらった翌週、私はCDを買った。今でもこの作品は、私にとって欠かせない一枚だ。アルバムはミシェルを魅了することはできなかった。それでも私は、彼女のおかげで、魂を一変させる《Voodoo》という儀式を経験できたことを、一生忘れないだろう。

CHAP 02

第二章

ホーム・クッキング

男性原理にスポットライトを奪われた愛しい人

HOME COOKING

批評家からの評価や、金儲けのためにやってるわけじゃない。俺は一生、音楽に関わっていく。
それが俺で、俺のやることだから――ディアンジェロ[*1]

ヴァージニア州リッチモンドは、混乱から立ち上がるしなやかな逞《たくま》しさを持つ都市だ。同市の名前は、姉妹都市ロンドンにある地名に由来している。どちらも脈打つ川で二分された街である。リッチモンドは、ポウハタン族率いるアメリカ先住民アルゴンキン諸族から奪った土地の上に築かれ、アフリカから誘拐されてきた黒人の過酷な肉体労働によって収穫された、貴重なタバコの葉で繁栄した。奴隷制度で発展したリッチモンドはまた、炎の中で築かれた。アメリカ独立戦争でイギリス軍に焼き払われたのち、同市は南軍の首都として台頭したが、南北戦争が終わる六日前、北軍の完全勝利を拒もうとした南軍の者たちに再び焼き払われた。

リッチモンドの灰から舞い上がった不死鳥は、商業と文化という形で現れた。ガラス張りの高層ビルは、ジェイムズ川の端に立ち並び、ヴァージニア州議事堂を覆い隠しそうな勢いだ。ヴァージニア・コモンウェルス大学（VCU）の拡張は、功罪相半ばする結果を生んでいる。再開発が進み、目抜き通りのブロード・ストリートには、個性的なショップやブティックが軒を連ねるようになった。VCUのキャンパス拡張は、二十年以上にわたる不動産開発業者への手厚い税制優遇措置に加えて、ジャクソン・ウォードやチャーチ・ヒルなど、近隣地域の高級化にも一役買っている。

この種の都市計画でもたらされる利益は、大都市圏に住むアフリカン・アメリカンには及ばない傾向がある。アメリカ南部の都市にはよくあることだが、リッチモンドは現在も、人種によって居住地や学校が分かれているという特徴を持ち、南軍の重要拠点という歴史の傷跡も負っている。二〇一八年に私が同市を訪れた際、車内から眺めたサウス・サイド地区の一部は、空き地や板張りされたビル、ファストフード店が点在するコミュニティだった。この地区は、一九六〇年に起こった「白人の移転《ホワイト・フライト》」から完全に回復することはなかったのだ。他の街区は、質素な家や教会に加えて、新築のアパートがいくつか並んでいた。川の向こうで大規模に繰り広げられているジェントリフィケーションの波及効果だ。

とはいえ、リッチモンド出身であることを誇りにするアフリカン・アメリカンはいる。「ここには繋がりがあるんだ」とリッチモンドで生まれた中年の黒人男性は言った。「知らない人がいても、家族の誰かのことは知っているからね」。リッチモンドの黒人が多く住むコミュニティは、教会から影響を受け、教会と繋がりを持っている。[*2] 教会は、奴隷制時代からアフリカン・アメリカンが暮らす上で、精神的、社会的、政治的な核となってきた。

地元の人々はまた、同市の音楽的遺産にも誇りを持っている。リッチモンドをはじめ、ヴァージニア州は大物シンガーやバンドを多数輩出している。ファレル・ウィリアムズ、ミッシー・エリオット、ティム〝ティンバランド〟モズリー、デイヴ・マシューズ（南アフリカ出身だが、シャーロッツヴィルで自身の名前を冠したバンドを結成）、ジェイソン・ムラーズ、クリス・ブラウンは、世界でも指折りの名声と成功を手にしている。知名度は低いが、ロックの先駆けといえる音楽で白人ロッカーに影響を与えたゴスペル・シンガー／ギタリストのシスター・ロゼッタ・サープは、キャリアが発展するにつれて、リッチモンドに自宅を構え、同市をパフォーマンスの拠点とした。その他、ジャズ・ファンク・グループのプランキー・アンド・ワンネスや、ゴスペルの名グループ、マギー・イングラム・アンド・ザ・イングラメッツを率いた故マギー・イングラムなどは、リッチモンド以外のファンには知られていないかもしれないが、地元では熱狂的な支持を得ている。

程度に多少の差はあっても、これらすべての要素がディアンジェロの誕生に貢献した。

マイケル・ユージン・アーチャーは一九七四年二月十一日、三人兄弟の三男として、教会に縁の深い家庭に生まれた。ごく幼い頃から、マイケルは祖父が牧師をしていたレフュジー・テンプルのクワイアで歌っていた。リッチモンドから三十マイルほど西の郊外、ポウハタンにあった教会だ。言い伝えによれば、長男のルーサー（《Voodoo》では、ソングライティング・パートナーの一人として、三曲でディアンジェロと共作している）は、三歳のマイケルがピアノを弾いているところにたまたま出くわした。きちんとした曲を弾いていたそうだ。五歳になる頃、マイケルはチャーチ・ヒル（幼い頃の一時期を過ごしていた地区）でバプティスト派牧師をしていた父親のもと、オルガンを演奏していたという。彼はピアノ、ベース、ギター、ドラムを独学で習得した。

マイケルは音楽を吸収し、教会のメンバーが聖霊を「捕らえた」時に異言を話す姿を目撃していた。儀式、オルガン、祈り、聖霊の虜となった人々の叫びは、彼の形成期に影響を与えた。ゴスペル・ミュージックは彼の基盤だったが、若き日のマイケル・アーチャーが、自身の音楽的才能を磨くための案内図として辿ったのは、マイケル・

ジャクソン、ジェイムズ・ブラウン、スライ・アンド・ザ・ファミリー・ストーン、アース・ウィンド・アンド・ファイアーなどによるアイコニックなソウル・ミュージックだ。両親から叱られたり、罰を受けたりしないよう、ルーサー・アーチャーはプリンスのアルバムを家にこっそり持ち込んで、弟に聴かせていた。マイケルは、自分をプリンスの大ファンにしてくれたことと、[3] 自分にインスピレーションを与えてくれたことについて、ルーサーをとりわけ高く評価している。祖母のアルバータ・コックスも、早くからマイケルに励ましの言葉をかけていた。

アーチャー家の三男坊は、宗教音楽の才能と世俗音楽の影響（ビー・ジーズの音楽や、ディスコ時代に最も特徴的なファルセットを聴かせていたバリー・ギブからも影響を受けていたほどだ）[4] を融合させると、高度な音楽性を築いていった。

ディアンジェロのサウンドとレガシーを形成したアーティストとして、引き合いに出されるのは男性ばかりだが、私が思うに、ディアンジェロと最も共通点が多いのは、プリンスでも、ヘンドリックスでも、ワンダーでもない。ゴスペルの素地を超越しながらも、ゴスペルを音楽表現の重要な血統として残すピアニスト兼ヴォーカリスト。気難しく、力強く、繊細で、要求の厳しい「PK（牧師の子ども《プリーチャーズ・キッド》）」。他に類を見ない純粋な才能の持ち主で、その音楽は何世代にもわたり、リスナーに刺激を与え続ける。アレサ・フランクリンのようだ、と私は思う。

ビル・マッギーの自宅スタジオに足を踏み入れると、雑然とはしているものの、そこが彼のクリエイティヴな聖域であることが分かる。リッチモンド南部に彼が構えたランチ・ハウスの一室には、マイク、楽器、CDが散乱している。彼自身のレコーディングもあれば、彼が個人的に知っている地元のジャズやソウルのアーティストのCDもある。私は、キーボードの後ろに座るマッギーの向かいに腰を下ろした（余談だが、彼はインタヴュー後、孫を迎えに行くと言っていた）。立派なマイクがスタンドからぶら下がっている。私たちの空間を隔てる境界線。ここはマッギーが音楽を制作する場だ。そしてこれから、私がマッギーの最も大切な弟子について、彼と話をする場となる。

マッギーは、リッチモンドの音楽シーンで一目置かれる存在だ。ジャズ・コンポーザー／トランペット奏者として誉れ高い彼は、一九八〇年代にリッチモンドのケネディ・ハイスクールで音楽教師もしていた。シックス・ストリート・マーケットプレイス・フェスティヴァルで、彼は十二歳のディアンジェロがパフォーマンスしている姿を目にした。当時、ディアンジェロは一時的に継父の名字を名乗っていたため、マイケル・スミスとして知られていたが、継父と実母の関係が終わると、アーチャー姓に戻った。[*5] ディアンジェロは、継父とそりが合わなかったことを認めており、一九八四年に父親に射殺されたマーヴィン・ゲイのような運命を辿るのではないかと、不安に思ったこともあるという。[*6]

マッギーは、ケネディをリッチモンドが誇る『フェーム（Fame）』の黒人版ハイスクールと呼んでおり、音楽的な才能に恵まれた同校の生徒を数多く指導していた。彼はステージ上のマイケル（なお、彼は「マイケル」と呼ぶことをやめなかった）を見て、この少年には「生まれ持った才能がある」と瞬時に分かったという。「十二年間の指導を受けた者でも、彼のようにパフォーマンスして、歌うことはできないだろう。スプリットに、マイクのルーティーン。ジェイムズ・ブラウン、マイケル・ジャクソン、プリンスが、十二歳の体の中に宿っているかのようだった」

マッギーは、マイケルが率いるバンドを市全域のタレント・ショウに招いた。これは、ケネディでマッギーが指導している生徒が多数出演する毎年恒例のイヴェントで、ノース・ローレル・ストリートの「ザ・モスク」という劇場（現在のアルトリア・シアター）で開催されていた。これがきっかけとなり、マイケルは十代のあいだマッギーから指導を受けることとなる。マイケルは正式な生徒ではなかったが（彼はヒューグノーのサウス・サイド・ハイスクールに通っていた）、マッギーは空き時間に彼を鍛え、パフォーマンスとプロ意識を教えた。ただし、どちらの指導もほとんど必要なかった、とマッギーは認めている。というのも、マイケルはどちらの要素も既に備えていたからだ。マッギーによれば、十代のマイケルはバンド・メンバーを雇い（そのうちの数人は身内だった）、自身の掲げる厳格な基準に達しないメンバーを解雇していたという。彼はマイケルのエンターテイナーとしての手腕と粗削りな才能を称賛し続け、誰もがマイケルの基準に達するよう、ケネディ・ハイスクールの教え子たちを後押しした。

「エンターテイナーは天職だ。それがマイケルの天職なんだ」とマッギーは語っている。

それは、リッチモンドにいたもう一人の伝説的ミュージシャンも注目した才能だった。ジャズ・ピアニストでマルサリス・ファミリーの家長でもあるエリス・マルサリスは、一九八〇年代後半にVCU（ヴァージニア・コモンウェルス大学）のジャズ研究プログラムのコーディネーターを務めていた。マイケルはマルサリスの前で演奏を披露したが、巨匠に師事する機を逃した。オーディションからまもなく、マルサリスはリッチモンドを離れ、故郷のニューオーリンズに帰ってしまったのだ。

才能溢れるマイケルが、リッチモンドを出たいと思うようになるのは時間の問題だった。小さな街で生まれながら、富と名声を求めてニューヨーク、ロサンゼルス、ナッシュヴィルへと移住した他のシンガーやミュージシャンのように、若きマイケル・アーチャーもあとに続いた。

一九九一年、ハーレムのアポロ・シアターのアマチュア・ナイトで優勝すると、マイケルの意気込みに弾みがついた。十七歳の彼が、自身の率いるプリサイスと歌ったのは、ジョニー・ギルの〈Rub You the Right Way〉だ。ステージ上の存在感とパフォーマンスに磨きをかけるべく、初期のメンターから受けた訓練は、情け容赦ないことで悪名高いアポロの観客の前で実を結んだ（彼は前年に初出場を果たしていたが、その時は四位に終わっていた）。

マイケルは、一九九〇年代初めに高校を中退し、ニューヨークに移り住んだ。彼のデモテープが音楽出版社ミッドナイト・ソングスの重役ジョセリン・クーパーの耳に留まると、十八歳のマイケルは同社と音楽出版契約を締結した。デモテープ中の一曲〈U Will Know〉は、一九九四年に公開された映画『ジェイソンズ・リリック（Jason's Lyric）』のサウンドトラックに採用された。もう一人、デモテープと対面オーディションでマイケルに魅了された人物がいる。EMIレコードのA&R担当、故ゲイリー・ハリスだ。ハリスは十九歳のマイケル・アーチャーとレコード契約を結んだ。マイケルが、イタリアの彫刻家ミケランジェロに因んだステージ・ネームに改名したのもこの頃だ。

ディアンジェロがひとたび大手と契約を結ぶと、マッギーが目にしていたプロ意識は次第に薄れていった。当時のマネージャー、キダー・マッセンバーグは、ディアンジェロが「音楽に集中していない」と苛立ちを募らせていた。[*7] ディアンジェロのスキルをさらに強化し、他のコンポーザーに彼を紹介するため、クーパーはお抱えのソングライター向けに自ら企画したワークショップに彼を招いた。しかしディアンジェロが足を運ぶことはほとんどなかった。彼の不在を不満に思ったクーパーだが、ディアンジェロは「他の誰よりも先を行っていて、あの種のコラボレーションには興味がなかった」のだと解釈している、と当時を振り返って話している。[*8]

ディアンジェロの現マネージャー、アラン・リーズは、ニューヨークで駆け出しだった頃の彼を知らない。しかし、作品の遅れについて私が意見を求めると、当時も現在も集中力が途切れがちなのは、ディアンジェロが音楽業界の期待に反発しているからではないか、と推測した。「自分が忌み嫌う業界にいることに、気づいたのだと思う」とリーズは語っている。「[彼は]マスコミが自分の私生活に入り込んでくるのが嫌だった。[レコーディング・アーティストに]付随する仕事を毛嫌いした」

「Dはただ、音楽を作りたいだけ。あとは干渉されたくないんだ」とリーズは続けた。「それでも、Dがやる気になって、すべての条件が重なれば、彼は誰よりも懸命に、熱心に、献身的に働く。『スタート』ボタンを押すだけの話なんだ。とはいえ、その『スタート』ボタンは、いつも壊れているのだが」

ファースト・アルバムの制作速度を上げようと、クーパーはディアンジェロをシンガー／ラッパーのアンジー・ストーンと引き合わせた。ストーンは、自身の音楽性を確立しようとしているところだった。彼女はサウスカロライナ州コロンビアで高校の友人二人とシーケンスというラップ・グループを結成し、プロとしてのキャリアをスタートした。シーケンスは一九七九年、ストーンもソングライティングに関わったデビュー・シングルの〈Funk You Up〉で小ヒットを記録。彼女はその後、ソングライター、セッション・シンガーとして頭角を現し、一九九〇年代はR&Bトリオ、ヴァーティカル・ホールドのヴォーカリストとして活動した。

ストーンとディアンジェロは南部生まれの黒人であることに加えて、ゴスペルで音楽的な訓練を受けてもいた。若いアフリカ系アメリカ人（特に正式な訓練を受ける財力のない人々）にとって、教会は音楽的な才能を伸ばす非公式な音楽学校だった。[*9]

ストーンは音楽業界でディアンジェロのメンターとなり、彼のデビュー・アルバム《Brown Sugar》のために〈Jonz in My Bonz〉を共作した（二人で書いたもう一曲の〈Pray〉は、ヴァーティカル・ホールドのアルバムに収録された）。ストーンの手助けにより、物事を先延ばしにしがちな〝青二才の〟ディアンジェロがアルバムを完成させたため、彼女は高い評価を受けている。「［ストーンは］当時、彼よりもスタジオ経験が豊富だった」とクーパーは語る。「彼女は［アルバムを完成できるよう］彼の仕事を楽にしてあげたの」。[*10]《Brown Sugar》のリリース後、ストーンはディアンジェロのライヴでバックアップ・シンガーを務めた。彼女の歌声は、一九九六年にリリースされた《Live at Jazz Café, London》で聴くことができる。

一緒に仕事をするうちに、二人の仲はプロフェッショナルなものからロマンティックなものへと変化していった。不思議なことに、アルバムがリリースされる頃には付き合っていたにもかかわらず、ディアンジェロは《Brown Sugar》のクレジット中で、ストーンを「ビッグ・シス」と呼び、謝辞を送っている。[*11]

ストーンによれば、二人の関係は情熱的で、ディアンジェロの呪文に縛られている気分だったそうだ。また、彼に深い精神的繋がりを感じたという。ストーンはプロとしても恋人としてもディアンジェロを育てていたために、自身のキャリアを「休止した」、とクーパーが語るほどの入れ込みようだった。ストーンは、彼を愛することにすべてを「使い果たした」のである。[*12]

しかし、ディアンジェロが新しい音楽の制作に取りかかると、ストーンとの関係は壊れはじめた。ストーンはインタヴューの中で、音楽業界の特異性のために、二人のロマンスは不幸な運命にあり、他人から妨害すら受けていたことを示唆している。ストーンはディアンジェロの十三歳上だった。それに加えて、とりわけ女性アーティストには痩せたモデル体型を求める業界の中で、ストーンはラージサイズの女性だった。《Brown Sugar》のリリース後、ディアンジェロを讃える業界のイヴェントで、ストーン（当時、ディアンジェロの第一子を妊娠していた）は、より細身で有名な女優に同伴者の座を取って代わられた。[*13][*14]「おそらく私は、ディアンジェロのようなセックス・シンボルが交際すべき相手のイメージに当てはまらなかったんでしょうね」とストーンは二〇〇三年、エッセンス誌のインタヴューで語っている。[*15]

ディアンジェロが音楽シーンで耳目を集める新進アーティストになりつつあった一方で、ストーンは彼の浴びるスポットライトから追い出された。ディアンジェロがその位置まで辿りつく手助けをしたのがストーンであるという事実は、傷心にさらなる追い打ちをかけた。一九九七年に息子のマイケルが誕生したが、ディアンジェロとストーンの関係を修復するには至らなかった。その後まもなくして二人は別れたが、その前に息子に捧げる二曲を共作した。

ストーンとディアンジェロは（長兄ルーサー・アーチャーとともに）〈Send It On〉を書いた。クール・アンド・ザ・ギャングによる一九六九年のインストゥルメンタル曲〈Sea of Tranquility〉の音楽に合わせ、息子の誕生を祝ったミッドテンポの楽曲だ。「［〈Send It On〉には、］天啓と信仰に付随するスピリチュアルなニュアンスと、『神様、こんなにも美しい贈り物をありがとうございます』という思いが込められていた」とストーンは語っている。[*16] 同曲は《Voodoo》から四枚目のシングルとしてリリースされたが、曲の爽やかなメロディと誠実さが、売上に結びつくことはなかった。〈Send It On〉は、ビルボードのR&B／ヒップホップ・ソング・チャートで最高三十三位を記録し、中程度の商業的成功を収めた。

なお、〈Send It On〉を収録したことで、アルバムの最終トラックの実現が危ぶまれるところだった。〈Africa〉は、子守歌のような一曲だ。ディアンジェロの息子と、母なる大地へのオマージュである。〈Africa〉を聴いていると、ディアンジェロと共作者のストーンが、赤ん坊のマイケルを見下ろしながら、息子に歌いかけている姿がすぐさま目に浮かんでくるだろう。その背景では、ドラムとチャイムのようなキーボードが活発に音符を奏でながら、優しい雨のごとくマイケル・ジュニアの顔に降り注いでいる。

クエストラヴは、プリンス・アンド・ザ・レヴォリューションのアルバム《Parade》（一九八六年）を繰り返し聴いてインスパイアされた〈Africa〉が、《Voodoo》の中では一番好きな曲だと断言している。しかし彼は、この曲をどうかレコーディングしてほしいとディアンジェロに「懇願」しなければならなかった。というのも、ディアンジェロは息子のための歌なら既に一曲ある、と考えていたためだ。[*17]

アルバムは、マイケル二世と、一九九九年に生まれた娘のイマニに捧げられた。ディアンジェロは、ソングライターとしてスランプに陥り、《Voodoo》を制作することができずにいたが、自分と同名の息子の誕生に立ちあって、スランプから抜け出すことができた、と数々のインタヴューで述べている。「《Voodoo》は、息子が生まれた日に始まった」[*18]と、ストーンの意見も一致している。親になったことが、《Voodoo》制作における最大のインスピレーションとなったかもしれないが、そもそもは差し迫っていたストーンとの別離が、ディアンジェロが持つソングライティングの魔力を凍結したのではないか、とクエストラヴは推測している。「アンジーはあいつに一度、言ったことがある……あなたは波乱に満ちた私たちの関係を曲にしようとしているでしょって」[*19]とクエストラヴは語っている。マイケルの誕生によって得られた幸せは、突如終わりを告げた。ストーンは、ディアンジェロとの関係が終わったことを受け入れざるを得なくなった。「彼との別れには、うまく対処できなかった」とストーンは後悔交じりに語っている。「死が訪れたような気がしたのは、あれが初めてだった」[*20]。ストーンと別れたディアンジェロだが、《Voodoo》のマスターテープに忍び寄った波乱万丈な恋愛と別離は、これだけでは終わらなかった。

アンジー・ストーンは、人生の中でも格別の喜びと苦しみを同時に感じていたであろう時期に、《Voodoo》で元パートナーと四曲を共作した。ストーンはその後、ソロ・アーティスト、ソングライター、時に俳優として成功を収めた。報道によると、彼女は今でもディアンジェロと友好的な関係を続けているという（なお、本書のために繰り返しインタヴューのリクエストを送ったが、ストーンからの返事はなかった）。《Brown Sugar》と《Voodoo》での二人のコラボレーションは、お互いの才能に対する敬意から生まれ、文字どおり愛の労作となり、二人に息子という最も神聖な創造物をもたらした。

ストーンは二〇一二年のエボニー誌によるインタヴューで、レコード業界の一部の人々が、二人のうちのどちらにつくかを仲間に強制し、彼女を侮辱したと非難した。「あなたが私の友達なら、［ディアンジェロの］友達にはなれないよ、という感じだった」とストーンは主張している。「だから私は、一人残されて、独力でやってきた[*21]」。彼女はさらに、ディアンジェロと成し遂げた功績を受け入れると同時に、時として自分の輝きを失わせた業界の辛辣さをも受け入れていると話している。

みんなに知っておいてほしいのだけれど、私はディアンジェロから計り知れないほど多くのことを学んだ。みんな、彼が私から学んだと言うけれど、私たちは仕事の相性がとても良かったの。一緒に組むと脅威的なほどにね。二人で考えた方が、一人で考えるよりもいいって言うでしょ。結局のところ、私はとことん誠実だったし、彼もそんな私を信頼してくれた。でも私は、「他の人々から」ポジティヴな評価を受けたことがまったくない。仕事で賞をもらったこともないし。だから自分で音楽を作り、自分の面倒なら自分で見られることを証明している。[*22]

私たちは、自分の功績を評価されること、自分の名前を世に出すこと、人々に賞賛されることに価値を見出す世界に生きている。発明、企業、文化、独創的な試みなどが成功すると、実現にあたって多大な努力をした者の中に女性がいても、その功績を得意げに話すのは主に男性だ。太古の昔から、女性は自身の野心を犠牲にし、夫や子どもに心を配ってきた。「自信を持って一歩前に踏み出し」、高等教育やキャリアを追求しようと呼びかけられてはきたものの、たとえ自身の目標を犠牲にしてでも、女性は男性の支えになるべきだという社会的・内面的な期待を覆すには至っていない。

才能と手腕を持ちながらも、正当な評価を受けず、注目もされずに、「天才」と呼ばれるパートナーを助けていた女性の例はあまりに多い。リー・クラスナー〔米国ニューヨーク州出身の画家。抽象表現主義で知られ、コラージュを得意とした。夫は同じく画家のジャクソン・ポロック〕やミレヴァ・マリッチ〔アルベルト・アインシュタインの最初の妻。チューリッヒ工科大学時代でアインシュタインと学友だった〕などは、有名な夫の影に隠れ、いまだ大衆には知られていない。トニー賞を獲得したブロードウェイのパフォーマーで、監督／振付師のボブ・フォッセのミューズとしても知られるグウェン・ヴァードンは、フォッセの右腕かつ共同発起人として、舞台や映画の成功を支えたが、その功績を認められることはなかった。

ストーンは、ディアンジェロの創造性を惜しみなく支えた。R&Bとヒップホップの素養を持つ彼女は、ディアンジェロが弱さと自信（〈Playa Playa〉もストーンとの共作である）を表現する上で、うってつけのコラボレーターだった。《Voodoo》でディアンジェロが見せるさまざまな情感は、彼が浴びるように聴いてきたゴスペルとソウル・ミュージックに由来しており、仕事や私生活、そして性的な面で女性から受けた影響によって、さらに強調されている。ストーンは、《Voodoo》に携わった男性陣と肩を並べて、唯一無二とも言えるこのアルバムのサウンドに貢献した。また、《Brown Sugar》に続いて、《Voodoo》でも元パートナーであるディアンジェロのレヴェルを上げる手助けをした。賞賛されてしかるべきである。

CHA P 0 3

第三章

グルーヴを探して

画一的な拍子はお断り

FINDING THE GROOVE

アンジー・ストーンがリード・シンガーとしてソングライティングにも携わっていたR&Bグループ、ヴァーティカル・ホールドは、《Head First》（一九九五年）のレコーディング中だった。同アルバム中の数曲は、新進気鋭の音楽エンジニア、ラッセル・エレヴァドがミックスを担当していた。

フィリピンで生まれニューヨークで育ったエレヴァドは、オーディオ・エンジニアリングを学ぶと、ニューヨーク中のレコーディング・スタジオでインターンをして、実績を重ねた。エレヴァドが大きく飛躍したのは、クアッド・スタジオで働き、ハウス・ミュージックのトラックをミキシングしていた頃だ。フランキー・ナックルズ、デイヴィッド・モラレスという高名なプロデューサー／DJの監督のもと、エレヴァドはアシスタントからサウンド・エンジニアに昇格。一九九三年には独立を果たした。

エレヴァドがヴァーティカル・ホールドと仕事をしているあいだ、ディアンジェロは《Brown Sugar》を制作していた。当時ディアンジェロのマネージャーをしていたキダー・マッセンバーグは、同アルバムでボブ・パワーに代わるサウンド・ミキサーを探していた。なお、マッセンバーグはヴァーティカル・ホールドの代理人でもあった。

マッセンバーグは、パワーの後任としてエレヴァドを第一候補に考えており、ディアンジェロの音楽をエレヴァドに紹介した。ディアンジェロとエレヴァドのコンビはその後、R&Bミュージックを根底から揺るがすこととなる。マッセンバーグは、ディアンジェロが作った五曲をエレヴァドに聴かせた。彼の音楽を聴いた大半の人々と同じように、エレヴァドも驚愕した。彼がディアンジェロに初めて会ったのは一九九四年だが、当時はアンジー・ストーンのボーイフレンド「マイケル・アーチャー」として紹介されていたという。その後、一緒に時間を過ごしても、自分を唸らすほどの音楽性を持つアーティストと彼が同一人物だとは、しばらく気づかなかったそうだ。[*1]

ディアンジェロから何の連絡もなく数カ月が過ぎたあと（エレヴァド「採用されなかったんだと思った！」[*2]）、エレヴァドは電話を受けた。彼は《Brown Sugar》の〈Lady〉、〈Jonz in My Bonz〉、〈When We Get By〉という三曲のミックスを担当した。

ヴァーティカル・ホールドのセッションで出会った時から、エレヴァドとディアンジェロは兄弟のように意気投合した。ディアンジェロのデビュー・アルバムに取り組みながら、二人は次のアルバムについて共謀を始めた。《Brown Sugar》のようにラジオ受けする洗練されたサウンドではなく、もっと生々しく泥臭いものにしよう。EとDは合意した。ディアンジェロのインスピレーションをすべて融合し、教会の廊下《ホール》とダンスホールをバランスよく加えた作品にするつもりだった。

ビートルズやデヴィッド・ボウイに加えて、スティーヴィー・ワンダーやジェイムズ・ブラウンといったクラシックなソウル・アーティストを愛聴するエレヴァドの音楽的嗜好は、このサウンドの実現にうってつけだった。そして何よりも、彼はアナログ至上主義者だった。テープでのレコーディングとミキシングを信奉していたのだ。

なぜアナログなのか？　それは、デジタル・レコーディングよりも、シグナルが録音された純粋なサウンドと正確に一致するからだ。アナログ・レコーディングでは、音が伝わる時の気圧の変化が初回通過で完全に捉えられるが、デジタル・レコーディングでは、こうした変化が一連の数字として変換され、アナログ・シグナルへと再変換される。この余分な段階により、デジタル・ファイルは自然なサウンドの合成的なレプリカとなる（遺伝子組み換え食品の音楽版のようなものだ）。アナログ・テープには欠陥もあるため、割れるような音や破裂するような音が入るが、エレヴァドのような人々は、こうした癖や乱れを大いに喜ぶ。音楽に信憑性という輝きを添えるからだ。

エレヴァドは《Voodoo》について、「スライ・ストーンのようなアルバム[*3]を作るチャンスだと考えた。一九六〇年代から一九七〇年代にリリースされたR&Bの名盤を彷彿とさせるアルバム。時に豪奢で、時に騒々しい演奏は、ダイナミックなヴォーカルとともにライヴ・レコーディングされ、レコード針が〔盤面の〕溝にぶつかった瞬間に、部屋を埋め尽くした。こうした名盤は、汗やミスをも包含している。これこそ、真のライヴ・ミュージック体験をレコードに収めたものだ。

しかし、エレヴァドは驚いた。ディアンジェロは、エレヴァドのアイドルだったヘンドリックスの音楽をほとんど知らなかったのだ。そこでエレヴァドは、さまざまな曲をかけてディアンジェロにヘンドリックス指南をすると、ニュー・アルバムがどれほどの高みまで到達できるかが分かるよう、彼に心づもりさせようとした。しかし、ヘンドリックスを二年間聴かせても、反応は芳しくなかった。

しかし一九九六年、とうとうジミ開眼が起こった。二人でリッチモンド周辺をドライヴしている最中に、エレヴァドは一九六八年のダブル・アルバム《Electric Ladyland》をかけ、ディアンジェロの自宅でも再びアルバムをかけた。ここでようやく、ディアンジェロの目（この場合は耳だが）から鱗が落ちた。

「ピンと来たんだろう。興奮していたよ」とエレヴァドは語っている。[*4] ディアンジェロは、エレヴァドが既に知っていたことを《Electric Ladyland》の中に見つけた。そこには、自分ならではのユニークなサウンドへと繋がる線があったのだ。ディアンジェロは、スライ・ストーン、スティーヴィー・ワンダー、そしてもちろんプリンスから影響を受けていたが、ヘンドリックスは彼らに大きな影響を与えた存在だった。

《Voodoo》の制作に入る過程で、ディアンジェロはもう一人、若いながらも熟練した腕を持つ黒人ミュージシャンと手を組んだ。彼もまた、退屈な商業的なソウル・ミュージックを破壊し、肥沃な土壌から新たな価値あるものを育てたいと考えていた。そんな野望を持つ彼も、プリンスの音楽を愛していた。

ディアンジェロと同様、アミア・トンプソンも幼少時から音楽に囲まれて育った。ミュージシャンとパフォーマーの家庭に生まれたトンプソンは、フィラデルフィアのハイスクール・フォー・クリエイティヴ・パフォーミング・アーツ在学中に、ドラムのスキルで異彩を放った。同校で彼は、才能に恵まれながらも短気なラッパー／ヴィジュアル・アーティスト、タリク・トロッターと出会う。二人の友情の絆と、ヒップホップとR&Bに対する愛は、高校を卒業しても続いた。トンプソンはクエストラヴ、トロッターはブラック・ソートと名乗ると、二人はザ・ルーツを結成。同ヒップホップ・グループはその後、大きな影響力を持つことになる。

一九九〇年代、ザ・ルーツはオーディエンスを増やし続けたが、クエストラヴはブラック・ミュージックの現状に不満を持っていた。「ハードであること」が音楽的な冒険をするよりも報われる時代に、ザ・ルーツは芸術的で知性に訴えるヒップホップ・グループと考えられていた（なお、同じくフィラデルフィア出身のＤＪジャジー・ジェフとフレッシュ・プリンス――後者は俳優のウィル・スミス――は、耳に心地良い音楽とカリスマ性によって、メインストリームのポップ・チャートで成功を収めた）。また、ザ・ルーツはヒット曲を量産するグループだとは考えられていなかった。

「［ザ・ルーツは］アルバム・バンドだった」と音楽評論家のロバート・クリストガウは語っている。「ヒップホップは、ポスト・パンク時代におけるシングル主体の音楽だが、彼らはシングルに重きを置かない。彼らが大切にしているのは、息の長さや知恵だ――ヒップホップが得意としていることではない」[*5]

クエストラヴは、プロとして活動を始めた時にメンターとして仰いだボブ・パワーから、ヴァージニア州から出てきた神童の末恐ろしい才能について聞かされていた。しかし、お高くとまっていたクエストラヴは、初めてディアンジェロに出くわした時、彼に取り合わなかった。一九九〇年代半ばから後半によく見かけた、ありきたりのアーティスト。彼はディアンジェロのことを、埃っぽく乾ききったR&Bの荒野で風に吹かれるタンブルウィード〔回転草〕だとしか思っていなかった。クエストラヴは、この時代について「シャイニー・スーツ・ムーヴメントの絶頂期」と表現している。[*6] しかし、ディアンジェロの音楽を聴いた瞬間、クエストラヴは自身が犯した過ちに気づくと、ディアンジェロを魅了する方法を考え出した。一九九六年のエイプリル・フールの日、ロサンゼルスのハウス・オブ・ブルースで行われたルーツのショウを密かなオーディションとして利用したのだ。ディアンジェロが客席にいたこのショウで、クエストラヴはマッドハウスの〈Four〉のイントロを「ディラのビートのように酩酊したスタイル」で演奏した。[*7] なお、マッドハウスは、他ならぬプリンスが率いていたジャズ／ファンク・フュージョンのサイド・プロジェクトだ。これが功を奏した。その夜、厚い友情と音楽的な結束が生まれた。

《Voodoo》のプロジェクトに採用されたもう一人のミュージシャンは、ウェールズ出身のヴェテラン・ベーシスト、ピノ・パラディーノだ。三十年以上のキャリアを持つパラディーノは、ベーシストの金字塔的な存在で、業界屈指の実力者として知られている。R&B界とジャズ界での評判を武器としながらも、ザ・フー、ポール・ヤング、ジェフ・ベック、エルトン・ジョン、アデル、エリック・クラプトン、ドン・ヘンリーなどの一流ミュージシャンとギグを重ねてきたパラディーノは、広い活動範囲を誇っている。

ディアンジェロは一九九七年にB.B.キングのコンサートを観賞し、ショウのあとでパラディーノに出会ったという。キングのツアー・ベーシストだったパラディーノは、キーボードを弾くディアンジェロとともに、ソウルの名曲で即興のジャム・セッションを行なった。二人はお互いに敬意を抱いた。百戦錬磨のパラディーノ（そして彼のボスだったキング）も、往年のインストゥルメンタリストのような優れた技術を持つ若者に感嘆した。一方、本人をはじめ複数の人々の弁によれば、ディアンジェロは「自分にとってのジェイムズ・ジェマーソン」を見つけた。ジェマーソンは、モータウンの伝説的セッション・バンド、ファンク・ブラザーズの一員である。

カリフォルニア州育ちのギタリストで、若い頃はストリート・ミュージシャンだったチャーリー・ハンターがディアンジェロの注意を引いたのは、ブラック・エンターテインメント・ネットワーク（BET）の『BET on Jazz』で、トリオ演奏している時だった。ディアンジェロはハンターを探し出すと、アルバムへの参加を依頼。しかし……「正直な話、言うのも恥ずかしいんだけど、あの頃の僕は、ディアンジェロのことを知らなかった」とハンターは私に語った。ハンターはニューヨークのジャズ・シーンで孤高の存在だったため、ディアンジェロは「僕の世界にはいなかった。彼から電話をもらって、それからリサーチしたんだ」

このプロジェクトには、他にもトップ・ミュージシャンが参加した。R&B界からは、キーボード奏者でソングライターのジェイムズ・ポイザー、シンガー／ソングライター／ギタリストのラファエル・サディーク、ギターの大御所チャーマーズ〝スパンキー〟アルフォード。ハンターに加えて、グラミー賞の受賞経験もある天才トランペット奏者、ロイ・ハーグローヴがジャズ界を代表した。

エレヴァド曰く「実験精神に溢れる……共生的なエネルギー」[*8]を持った主要メンバーが形成されると、ディアンジェロは壮大な実験のためのラボを必要とした。エレヴァドはディアンジェロをジミ愛好家に変貌させていたため、決断は容易だった。ディアンジェロを待ち受けていたのは、ヘンドリックスがニューヨークのグリニッジ・ヴィレッジに建設したエレクトリック・レディ。ディアンジェロをヘンドリックス信者にしたアルバムに因んで命名されたスタジオだ。ヘンドリックスに縁があるだけでなく、スティーヴィー・ワンダーの名盤《Music of My Mind》と《Talking Book》も同スタジオで制作されたと知ると、ディアンジェロはすっかり乗り気になった。昔ながらのレコーディングをしたいというエレヴァドの切なる思いが、現実のものになろうとしていた。

こうして僕たちはスタジオに入ると、一九七〇年代初めにスティーヴィー・ワンダーが使ったとされる［フェンダー］ローズ［のエレクトリック・ピアノ］や、マイクの埃を払った。一九九〇年代半ばの当時、ソウル・ミュージックの世界で、ああいったヴィンテージの機材を使ってレコーディングしているヤツなどほぼ皆無だったことは、忘れないでほしい。*9

一九九六年後半から、参加アーティストはフレディ・ハバードの《Night of the Cookers》さながらにライヴ演奏をレコーディングし、その期間は三年に及んだ。ディアンジェロとクエストラヴは、研究と娯楽を兼ねて、スタジオでかけるためのレコードを二千ドル分購入した。また彼らは、クエストラヴが持ち込んだヴィデオ（彼が日本に行った際に購入した『ソウル・トレイン』四千回分を含む）で、音楽界の偉人たちの名パフォーマンスを研究した。こうした課外授業を約一年楽しんだあと、彼らはアルバム用の楽曲をレコーディングするという宿題に取りかかった。いくつかの「ジャム」は、アルバムに収録された。〈One Mo' Gin〉から〈The Root〉へと移行するインタールードと、〈Feel Like Makin' Love〉のあとに入ったインタールード（ディアンジェロとライターのドリーム・ハンプトンの会話が重ねられているが、何を話しているかは聞き取れない）に加えて、聴いているうちに哲学的な疑問を投げかけたくなる十一曲目の〈Greatdayindamornin'〉のアウトロとなる、軽快でグルーヴ感の強いレトロな〈Booty〉だ。

［〈Booty〉では、］ラッセルが俺のドラムをギターアンプに通し、プロセッサーに通し、それから［ミキシング］ボードに戻した。これで想像を絶するアナログ・サウンドが出来た。まるで一九五〇年代のドラムみたいなサウンドになったんだ。[*10]

このようなエレヴァドの奇想天外なアイディアが、レコーディングとプロダクションの視野を広げてくれた、とクエストラヴは評価している。「ボブ・パワーがピザ作りの基本を教えてくれたとしたら、ピザを作る無限のヴァリエーションを教えてくれたのはラッセルだ」[*11]

こうして自由奔放に試行錯誤しながら、ディアンジェロと仲間たちはインスパイアしあい、楽しみながら音楽を制作した。彼らはテイクを重ねてヴォーカルと楽器のアレンジに磨きをかけ、時には既存のアレンジをボツにして、最初からやり直すこともあった。ディアンジェロは「他のアーティストならキャリアのハイライトになる素晴らしい」曲を日常的に破棄していた、とクエストラヴは回想している。[*12]

《Voodoo》はすべてアナログ・テープに録音された。リール一本の価格は二百ドル、録音時間はわずか十五分。ヴァージン・レコードは、「何千ドル」ものテープ代を負担しなければならなかった。[*13]

ソウル・ミュージックの中心となるのはリズムだ。主にベースとドラムが演奏するビートである。《Voodoo》の制作に携わった者たちはみな、ソウル・ミュージック制作のルールブックを捨てたいと思っていた。これを実現するための一歩は、「画一的な拍子はお断り」という、リズム・セクションの原則をぶち壊すことだった。クエストラヴかディアンジェロ（彼自身がドラムを演奏することもあった）が叩く酩酊ドラム・ビートから大幅に遅れたところで、パラディーノはベース・ラインを演奏した。リリース時に《Voodoo》を聴いたミュージシャンの友人たちから、楽曲の型破りなビートに狼狽したと言われた、とパラディーノはライターのジェイソン・キングに語っている。[*14] ハンターによれば、ディアンジェロは参加ミュージシャンに「ビートから遅れたところ、あまりに遅れて不快に感じるほどのところで演奏する」よう指示したという。

「あまりにもビートから遅れると、別の曲の伴奏をしているような気分になるんだ」と、ハンターは言い添えている。なお、このスタイルはキューバ音楽（「クリエイティヴな面で、極めて進歩的」）に直接的な起源を持つという。自分がうまく演奏できるかは分からなかったが、アイディアは「スーパークール」だと思った、とハンターは語っている。

クエストラヴは、自身の変貌ぶりをさらにはっきりと説明している。ドラマーとして、厳しく自らを律してきたクエストラヴだが、ディアンジェロがそんな自分を解放してくれた（すなわち、自由にしてくれた?!）と発言している。「俺はマシンのようにビートを叩くが、そこに［ディアンジェロが］現れて、俺のプログラムを解除してしまった……俺がメトロノームのように演奏していると、あいつは『そうじゃなくて、もう少し遅らせて』なんて言っていたんだ」[*15]

《Voodoo》の参加ミュージシャン陣は、意図的にだらしないサウンドを作り出した。クエストラヴはこれを「泥酔しているかのような演奏」と形容しており[*16]、アルバムの制作に関わった多くの人々は、J・ディラ（別名ジェイ・ディー、本名ジェイムズ・ヤンシー）の影響を挙げている。ジェイ・ディーはネイティヴ・タンの一員で、アンビエントで奇想天外なスラム・ヴィレッジの音楽をプロデュースした、先見的なヒップホップの奇才だ。

J・ディラは、古い音楽やビートを解体し、個性的かつ魅力的なサウンドを組み立てる（音楽の折り紙と言えるだろう）先駆者だった。J・ディラは、参加者としてクレジットされてはいないが、エレクトリック・レディでの《Voodoo》セッション中に存在感を示した。彼はミックステープと自身が手がけたスラム・ヴィレッジのデモをスタジオに持ち込むと、ソウル・ミュージックとヒップホップの脱構築をしっかり研究するよう、仲間たちを促した。《Voodoo》に参加するミュージシャンは、「ディラ初級講座」に合格して初めて、アルバムで演奏するに値する準備ができたのだ、とアラン・リーズは冗談半分で語っている。

リーズは、アルバムにおけるJ・ディラの影響を詳述している。「さまざまなビートの演奏方法や、ミスに聞こえかねないほどにビートを遅らせる方法だ。演奏を遅らせる手法は、前代未聞だった」

クエストラヴ曰く「泥酔しているかのような演奏」の最たる例は、六曲目の〈Chicken Grease〉だ。何時間にもわたる自由なジャムが、四分間の純粋なファンクに集約された一曲である。スタジオでカーティス・メイフィールドの〈Mother's Son〉を演奏していたところから生まれた同曲には、ブリッジもイントロもない。鉛のごとく重いグルーヴだけに牽引されており、パーラメントが一九七八年にリリースした〈Flash Light〉と同バンドを率いるファンクマスター、ジョージ・クリントンに敬意を表している。[*17]

なお、〈Chicken Grease〉はディアンジェロのために作られた曲ではなかった。クエストラヴとポイザーは、エレクトリック・レディでアルバム《Like Water for Chocolate》のレコーディングをしていたラッパーのコモンとのセッション中に、同曲を思いついたのだ。しかし、ディアンジェロはこの曲を聴いて、虜になった。自分なら傑作に仕上げられると、彼はポイザー/クエストラヴのファンクを欲しがった。「コモンはあの曲で何したらいいか、分かっていない。あれは俺が求めてるファンクだ。あれは俺が求めてるファンクだって、お前もよく分かってるだろ」と、ディアンジェロはクエストラヴに言った。[*18]

タイトルは、フライパンで鶏肉を焼く音、油が弾ける音、皮がきつね色に焦げながら小麦粉がジュージューと音を立てる様を連想させる。曲中では、クリスコの名前が挙げられている。これは、多くの料理人（アラバマ州で生まれた私の祖母を含む）がお気に入りの食材を揚げる時に使うラードだ。ファンクがカリカリに焼きあがるまでミュージシャンは曲を料理し続け、メタファーは続く。ラファエル・サディーク曰く「輪ゴムのような感覚」を想起させるほどに「グルーヴのずっと後ろにいた」[*19]不安定ながらも完璧なリズム・セクションは、〔フライドチキンの〕油《グリース》に喩えられており、ミュージシャンはみな、若干乱れながらも心地良いグルーヴを演奏している。アルバム《Voodoo》同様、同曲は矛盾だらけだ——しかし、不完全な要素が完璧に嚙み合っている。

〈Chicken Grease〉はジューク・ジョイント〔音楽やダンスを楽しめる酒場〕、汗だくのハウス・パーティ、炎天下のもと腰をくねらせて踊る夏のバーベキューを象徴する楽曲である。しかし、クエストラヴによれば、タイトルには独自の由来があるという。「十六分音符で短九度(マイナー9th)を弾くようギタリストに指示する時」、プリンスが使っていた音楽理論の隠語だそうだ。[*20]

同曲ではまた、「歌っていることが理解しにくい」という、一部のファンがディアンジェロに対して抱いている問題が、最も顕著に表れている。〈Chicken Grease〉をはじめ、《Voodoo》の収録曲には、CDのブックレットやアルバムのスリーヴノートに印刷された歌詞を参照しなければならない箇所がある。

シロップのように流れる甘い発声は、「マンブリング〔モゴモゴと呟くこと〕」として退けられるか、貶められかねないものだが、これはディアンジェロの音楽的・文化的なスタンダードを反映しており、ヨーロッパ中心主義のスタンダードを拒絶している。

「たとえはっきり喋っていなくても、俺は最初に口から出てきた言葉を残したい……それがありのままの魂だから」と彼は語っている。[*21] インディアナ大学で民族音楽学の准教授を務めるアリーシャ・ローラ・ジョーンズは、ディアンジェロが「時にきちんと発音しないのは、歌い方で文化的な情報を付け加えているから」だと説明する。これは「アフリカに由来するスタイル」のひとつで、ゴスペル、ジャズ、R&B、さらにはダブステップ音楽にも見られるという。

聞き取りにくい歌詞はさておき、ディアンジェロの言葉を操る才能は、ミュージシャン／ソングライターとしての能力に匹敵する。彼は、音楽同様に歌詞を大切にしていることを簡潔に説明している。

　歌詞はとても大切だ。結婚みたいなものだよ。俺にとって……性差別的なことを言うつもりはないんだけど、俺にとって、音楽は男（花婿）で、歌詞は花嫁。その結びつきが重要なんだ。[*22]

私個人の意見だが、九曲目の〈Spanish Joint〉は、アルバムの中でも特に、歌詞と音楽がはっきりと共生している楽曲だ。そのタイトルから、音楽的な系図が分かる。ラテン調のリズム（プエルトリコ出身のパーカッション奏者、ジオバーニ・イダルゴによるコンガがアクセントになっている）に重ねて、チャーリー・ハンターが特注の八弦ギター（上の三弦がベースだ）でベース・ラインのイントロを弾いている。ベースはスタッカートを響かせながら、最初の六小節で四分音符六つと十六分音符一つ分の長さを押さえたギター・コードに溶け込んでいく。ダンス・パートナーがいる場合、ベースとギターが交わる箇所が、パートナーをディップもしくは愛撫する合図となる。共作者のロイ・ハーグローヴによるホーン・アレンジメントは、コーラスの終盤で三部構成のハーモニーを奏でており、アルトゥーロ・サンドヴァルへの純粋なオマージュとなっている。ハーグローヴのパートは、レコーディングとミキシングに細心の注意を払った、とエレヴァドは語っている。

ロイは存在感が強いから、音量が大きすぎると、ロイが実際に演奏しているフレーズが損なわれてしまう。だから、ミックスの中で彼の音量をどうするかについては、とりわけ気を遣った。リボンマイクをたくさん使った。ベストな状態じゃない古いRCAのマイクだ……これが彼のスタイルにぴったりだった。彼にスポットを当てるべきだと思った時には、彼の音量を上げるようにしたけれど、曲の大部分で彼は控えめに演奏していたよ。[*23]

《Voodoo》の収録曲の大半は、レコーディングに多くの時間を要したが、〈Spanish Joint〉はごく短時間で制作された。音楽は一時間でアレンジされ、ワンテイクでレコーディングされた（ただしホーンは除く。ハーグローヴのパートは、後日レコーディングされた）。「［ディアンジェロは、］あの曲で僕に何を弾いてほしいか、すごく具体的に指示した」とハンターは語っている。「彼にあの曲を教えてもらって、そのままみんなで演奏しただけだ」。〈Spanish Joint〉は、ハンターにとってのエレクトリック・レディ最終日にレコーディングされた。

同曲で聞かれる卓越した演奏は、ディアンジェロの軽快なヴォーカルとマッチしている。ネガティヴな感情に対して説得力のある言葉を繰り出す彼は、ネガティヴな感情を手放すことができない相手に怒りを抱き、叱責している。アルバムのリリース時には、私を含むリスナーの大半が知らなかったことだが、ディアンジェロが表明した不満は、《Voodoo》制作時に付き合っていた女性に向けられていた。

ジーナ・フィゲロアは女優／シンガー／ソングライターで、ディアンジェロに出会う前から彼の音楽を愛聴していた。「ニューヨリカン」（プエルトリコ系ニューヨーカー）を自称する彼女は、一九九七年にドミニク・トレニア（当時、二人のマネージャーを務めていた）からディアンジェロを紹介される。フィゲロアは、エレクトリック・レディで行われた《Voodoo》の一部のセッションでディアンジェロ一行に合流すると、その時のことを「魔法のようだった」と回想している。ディアンジェロは、フィゲロアが《Voodoo》の内容に「大きな影響」を与えたと明かしたそうだ。

「スタジオに座って、Dの歌と演奏を聴いているだけで、天国にいる気分だった」とフィゲロアは私宛のEメールに記している。「私は彼に夢中だった。彼がキーボードを弾き、アドリブでソウルフルに歌っているのを聴くのが大好きだった。彼のプロセスは、本能的で自然だった」

「あのアルバムは、驚異的」と彼女は絶賛している。

「美しくて、謙虚で、チャーミングで、危ない魅力を持っていた」とフィゲロアはディアンジェロを描写している。「彼は、静かだけれど刺激的だった」。二人は自作の曲を聴かせあい、踊りに行き、ハンバーガーを一緒に食べた。ディアンジェロはしばらくのあいだ、フィゲロアを「女王のように」扱っていたという。しかしまもなく、二人の関係は波乱を含みはじめる。「私たちは狂ったようにお互いを愛していて、彼のキャリアの絶頂期に、こうした激しい感情をうまくコントロールできなかった」とフィゲロアは語る。「キツかった……愚かなこともしたし……二人とも、大人げなくて、嫉妬深かった。私たちは、本当に依存しあっていたの」

ディアンジェロの元彼女、アンジー・ストーンと同様に、フィゲロアはディアンジェロへの激しい愛に圧倒されたと語っている。また、彼との交際中は、自分の仕事をなおざりにし、それを後悔しているという。ただしフィゲロアの場合、仕事に集中できなくなったのは、個人的な理由によるものだった。

母がドラッグをやっていたから、私は音楽を作り続ける意欲を失い、演技もやめてしまった。それに、Dとずっと一緒にいて、彼との関係の中に身を隠していた。キャリアなんてどうでもいいと思いはじめたら、今度はDと私の関係は壊れはじめ、私は引きこもった。自分のことを差し置いて、Dのことを気にかけすぎていた。

ドミニク・トレニアは、花火のような二人の関係を間近で見守っていた。トレニアは二〇一六年、「彼女がスパニッシュ・ジョイントだ」と打ち明けている。「二人は嵐のようだった。そうだろう？　歌詞を読んでみれば——雨が降るたび、こんな気分になる……君とは何の関係もない——って、［ディアンジェロは］君とは別れる。君とはもう二度と話さないけれど、それは喜ばしいことだって言っているんだ」[*24]。トレニアは、現代音楽史に残る破滅的なカップルに因んで二人に愛称をつけたという。「私たちは、『シドとナンシー』って呼ばれていた」とフィゲロアは明かしている。

念のため説明しておくと、シド・ヴィシャスとナンシー・スパンゲンは、悲劇的な結末を迎えた。スパンゲンは、セックス・ピストルズのバンド・メンバーだったヴィシャスとドラッグに溺れた不安定な関係を持っていたことで知られており、一九七八年にニューヨークで刺殺され、ヴィシャスと泊まっていたホテルの部屋のバスルームで発見された。ヴィシャスが彼女を殺したのか、誤って刺したのか、スパンゲンが自殺したのか、結論は出なかった。スパンゲンの死亡から四カ月後の一九七九年二月、ヴィシャスは殺人容疑の裁判を待ちながら、ヘロインの過剰摂取で死亡した。〈Spanish Joint〉を聴いていると、恋人に対するディアンジェロの苦い感情からこの曲が生まれたことが分かるが、ヴィシャスとスパンゲンの暴力的な関係に比べれば、遥かに穏やかな関係だったことも推測できる。また、壊れかけた関係は、恋愛関係にある相手に限ったことではない。

同曲を初めて聴いた時、私は第四ヴァースで稲妻に打たれたかのような衝撃を受けた。歌詞を知らなければ、《Voodoo》のブックレットやオンラインで歌詞を見てほしい。心から愛する人が、冬に着る暖かいコートのように苦痛と恨みを身にまとっている。そんな私にとって、ディアンジェロの歌う第四ヴァースは、大きな慰めとなった。ブルックリンのアパートでこの曲を初めて聴いた時、ディアンジェロにはテレパシーが備わっているのではないかと考えたほどだ。

ディアンジェロは〈Spanish Joint〉の中で、人生を半分空のコップとして見ることを拒もうとしており、悲しい魂を持つ人々に、光の中で自分なりの真実を見つけてほしいと願っている。別れてはよりを戻すというジェットコースターのような関係から辿りついた境地だ。フィゲロアとの交際は、一年未満で破局を迎えた。

〈Spanish Joint〉は、音楽に乗せた最も官能的な激励かもしれない。私生活での問題はさておき、ディアンジェロは自分自身と——ひいてはあなたにも——魂を焦がすような衝動が何であれ、それを追求する許可と自由を与えている。

人であれ状況であれ、困難に負けることなく、自分がやるべきことをやらなければならない。〈Spanish Joint〉は、雨の日のための傘を持ちながら、前を向いて進もうというリスナーへのメッセージでもある。前向きな姿勢と不屈の努力という同曲のテーマは、ありきたりな台詞や、非現実的な言葉を使うことなく、この曲が生まれるきっかけとなった彼個人の問題を超えて、語りかけてくるのだ。

CHAP 04

第四章
悪魔のパイ

“盗まれた土地”＝アメリカで搾取される、“盗まれた肉体”＝黒人男性のサヴァイヴァル

THE MEANS OF SURVIVAL

アフリカン・アメリカンの大半にとって、人生は綱引きの連続だ——彼らは、与えられた体で精一杯生きる一方で、制度的な脅威や自身の肌の色が招いた脅威から身を守りながら生きている。黒人は、たとえそれが一時的な休息であったとしても、人種差別や歴史的に繰り返されてきた侮辱から解放されたいと思っている——自身の祖先が基盤を築いたこの国で蔑まれながら、家族、友人、パートナー、自分自身を愛す。アフリカン・アメリカンは、何世紀にもわたってこの複雑な迷路を歩んできた。そして、今日に至るまで、自らが進むべき道と安全を探し続けている。

ディアンジェロは、《Voodoo》の中でこうした課題に取り組んでいた。若くして成功と称賛を手にした彼は、多くの黒人シンガーを使い捨ててきた業界の中で、本当の自分を守り抜こうと闘っていた。彼は、マーケティングやレコード・チャートよりも深いところで、自分のブラックネスを愛していたのだ。ディアンジェロとコラボレーターたちは、劇作家ロレイン・ハンズベリーの言葉を借りれば、「見える目と感じる心」を使って、《Voodoo》を制作した。

《Voodoo》は、黒人男性の中に存在する二面性を表現しながら、感情的かつ「男性的」で、弱さと怒りを併せ持つアルバムになることが運命づけられていた。アルバムの冒頭を飾る〈Playa Playa〉は表向き、即席のメンバーで戦うバスケットボールの試合を示唆している。そこから同曲は、一流の音楽性を吹聴し、想像力に乏しくスキルに劣る他の「プレイヤーたち」への挑戦状を突きつけると、彼らはディアンジェロと仲間たちの秀でた才能に屈するだろうと歌っている。楽曲のタイトルとコンセプトは、〈I Found My Smile Again〉にインスパイアされている。殿堂入りしたNBA選手、マイケル・ジョーダンが主演した一九九六年の映画『スペース・ジャム（Space Jam）』に、ディアンジェロが提供した楽曲だ。〈I Found My Smile Again〉は、〈Playa Playa〉とドラムのグルーヴは類似しているものの、家族向け映画のサウンドトラックに合うよう作られたアップビートな曲調のため、より辛辣でダーティな〈Playa Playa〉と共通点はほぼない。

同曲は、男声のヴードゥー・チャントから始まり、チャントの背後では、木製の打楽器がワン、ツー、ワン、ツー、スリーというリズムを繰り返す。サウンドは左のスピーカーから右のスピーカーへと流れ、スピリチュアルな体験の中にリスナーを包み込む。空洞で反響するような打楽器の音から、クエストラヴによるリム・ショットが三回鳴ってテンポを確立。フィンガースナップ、キーボード、ベースがユニゾンで響き、ロイ・

ハーグローヴのホーンが入ると、ようやく多重録音されたディアンジェロのヴォーカル（語りと歌の両方）が始まり、一小節ごとに大きくなっていく。「俺たちがゲームの最高峰。プレイヤーズ・ナンバーワン」。これが曲のメッセージだ。

スポーツと音楽の関連づけは、決して珍しいことではない。アスリートもミュージシャンも、ともにリズムを大切にする。特にバスケットボールは、バンドと同じように息の合ったプレイをし、どちらの分野でも、最高峰の実力を有する者たちは、自身の才能を「究極の男らしさ」として臆することなく見せつける。[*1] ブラック・ネイバーフッドでの手ごろなアクティヴィティとして、コンクリートのコートを支配する方法としてのバスケットボールを讃えているため、同曲のコーラスでは、敵を嘲るようなフレーズが登場する。アルバムの第一曲目から、ディアンジェロは最高のバスケットボール選手と同様に、自分のチームこそが人々の魂を興奮させてやまないのだと主張している。

自らを含めた世界一流のミュージシャン陣を「ナンバーワン」と称する。それが真実なら、戯言になるだろうか？　一九五〇年代に煙の充満したジャズ・クラブで、マイルス・デイヴィスがジョン・コルトレーンと共演したように、ディアンジェロは圧倒的な才能を持つミュージシャンや同好の士で周囲を固め、野心的な音楽に取り組んだ。本物のプレイヤー同士が認め合うケミストリーだ。

このアルバムに共通するテーマは、自分の真実と、先達のアーティストが語った真実を尊重するということだ。ディアンジェロにとって、死んだ仲間を追悼して酒を路上に注ぐことと、アナログ・テープに自身の感情を注ぐことは同義である。〈Playa Playa〉では自信満々で豪語していたディアンジェロだが、次の曲では軽蔑と不安を歌い、アーティストが成功と生存のために働く搾取的な文化と業界を批判している。

《Voodoo》の二曲目〈Devil's Pie〉でのディアンジェロは、前曲での大胆さが消え、重荷に苦しんでいる。これは、物質主義を謳うジャンルで活動するアーティストの証言だ。〈Devil's Pie〉は、譲れない一線を示し、クエストラヴが言うところの「金にがめつく、黒人を搾取し続ける世界」に抵抗し、「悪魔に魂を売った者が、いかに魂を壊されるか」[*2]を語っている。

同曲はまた、低賃金しか払わない社長や腐敗した刑事司法制度、教育を怠る学校や、アメリカという国（盗まれた土地の上に、盗まれた肉体と奴隷労働を使って建てられた国）の無策ぶりを非難している。人種や階級に加えて、黒人が成功できる堅気の仕事は少ない。こうしたプレッシャーから、悪魔のパイが作られる。《Voodoo》からの二曲目は、「ビガー・トーマス」〔リチャード・ライト『アメリカの息子』の主人公〕に自らを重ねながらも、モラルの意識は高い黒人男性の私的なテーマソングになってもおかしくないだろう。

〈Chicken Grease〉と同じく、〈Devil's Pie〉もディアンジェロのために作られた楽曲ではなかった。ヒップホップ・デュオ、ギャング・スターのDJプレミアが、一緒にスタジオ入りしていたラッパーのキャニバスが却下したトラックをディアンジェロに持ち込んだのだ。

四方から聞こえてくるような豊かなサウンドに乗って、〈Devil's Pie〉は自業自得の報い（行きつく先は刑務所の独房か、荒涼とした墓場かもしれない）を受けることについて、一人称で歌う。ディアンジェロは小さな声で、この地球に生きる苦しみを語っているが、これは混沌としたこの世界と、自身の人生と心が抱える混乱という二重の意味を持ちうる。彼は「パイを一切れ食べたい」という誘惑に打ち勝ってはいない。彼は自身の信念体系を害する事柄から快楽を得ているのだ。ディアンジェロは〈Devil's Pie〉の中で、特にヒップホップ界のアーティストを厳しく批判しながら、自身も疑念や自己批判を抱えていることを認めている。

〈Devil's Pie〉に使用されたサンプルは、ディアンジェロが描写する内面的な葛藤を示唆するような楽曲だ。〈Big Daddy Anthem〉は同様のコンセプトを持つ。シャバズ・ザ・ディサイプルは、邪悪なスピリットを追い出せとラップし、ナチュレルは「成功するか、野垂れ死ぬか」という二つの選択肢しかない現実を語っている。ＩｎＩの〈Fakin' Jax〉は、金と名声に飢えた裸の王様を批判している（なお、「ジャックス」とは成功と性的魅力を兼ね備え、注目の的となる男性を意味する）。[*3] しかし、ストリートの資本主義を最もあからさまに謳っているのは、ファット・ジョーの〈Success〉だろう。ファット・ジョーの世界では、ハスリング、金銭、セックスが絡み合っている。〈Devil's Pie〉の中核に位置する〈Success〉のメイン・メッセージは、決して終わらないハスルに囚われた境遇を諦める白旗だと解釈することができるだろう。どんなに努力しても、どんなに正しい道を進もうと願っても、結局は悪魔の呪いが勝つということなのだろうか？

こうしたテーマは、一九九九年の長編映画『ベリー（Belly）』と重なっている。〈Devil's Pie〉は同映画のサウンドトラック収録曲だ。主演はナズとＤＭＸで、二人はドラッグ密輸人／密売人のシンシアとトミーを演じている。〈Devil's Pie〉が初めてかかるのは、トミーがオマハのストリートで販売するヘロインの塊を、ネブラスカ州に運び込もうと熱心に準備しているシーンだ。シンシアはこの時、大きな取引に興奮していたが、この生き方に対する疑念が徐々に芽生えはじめる。映画の終盤では、ハーレムの有力牧師を暗殺するよう悪徳警官から指示されたトミーが、その命に逆らったことで意識の覚醒を経験する。一九六五年のマルコムX暗殺を思わせるシーンだ。一方、シンシアは既に裏稼業から足を洗い、ガールフレンドと幼子を連れてアフリカに移住していた。ここで、哀愁を帯びた〈Devil's Pie〉のアカペラ・ヴァージョンが流れる(なお、〈Devil's Pie〉の歌詞中では、ファイヴ・パーセント・ネイションが言及されている。これは、ネイション・オブ・イスラムから離脱したクラレンス13Xが創設した団体である)。音楽を伴わないことで、ディアンジェロが抱える自身に対する懸念と、ひいてはトミーとシンシアに対する懸念が露わになっている。残念ながら、作品の質については、楽曲が映画を上回っていた。

イエスは〔聖書の中で〕両替人に憤り、オージェイズは〈For the Love of Money〉で金の威力の落とし穴について歌った。金（さらには抑制のきかない資本主義から生まれる不公平なシステム）は、日々の生活に必要なものではあるが、破滅的な力にもなりうると、人類の歴史を通じて警告がなされてきた。ディアンジェロは、これをさまざまな角度から眺めている。リッチモンドの労働階級地区で育ち、成功して裕福なレコーディング・アーティストとなった黒人男性の視点。誘惑に満ちた独身男性の視点。子どもが生まれ、新たな責任を背負った父親の視点。世俗的な音楽を追求する選択自体が、ディアンジェロが属する教会のコミュニティの一部にとっては、「悪魔のパイ」だとされ、彼は教会に背を向けたと考えられた。「何度も言われたよ。悪魔の音楽なんて、やっちゃいけないってね」とディアンジェロは語っている。[*4]

ゴスペル・ミュージックの素地を持つシンガーが、世俗的なメインストリームの音楽を選ぶ例は多い。ソウル・ミュージック界で特に尊敬を集めるヴォーカリストの大半は、教会で歌いはじめている。中でも三本指に入るのが、アレサ、サム・クック、ホイットニー・ヒューストンだ。ディアンジェロの家族の中には、牧師かゴスペル歌手として教会に留まるようプレッシャーをかける者もいたが、まったく気にしない者もいた。彼の味方になった家族の一人は、ディアンジェロが愛をこめて「ミス・アルバータ」と呼んでいた祖母だ。彼女は、ポピュラー音楽で成功したいという孫の大志を心から応援した。

なお、こうした状況を表す言葉すら存在する。「あの世界の言葉では、［ディアンジェロのような］人は『プレイング・チャーチ〔信心深いふりをしていること〕』だと形容されることもあります。彼は、教会とブラック・クリスチャンの宗教性との結びつきを最優先で示し続けてはいないからです」と、民族音楽学者のアリーシャ・ローラ・ジョーンズは語る。この考えで皮肉なのは、ゴスペル・ミュージックがディアンジェロのサウンドの根底にあるという点だ。〈Devil's Pie〉も例外ではない。特に同曲は、鏡に映る邪悪な自分の姿を含め、邪悪な者たちを撃退できるだけの強さが欲しいと祈る歌だ。

ヴォーカルのスクラッチと重厚なリズム・セクションが、〈Devils' Pie〉のイントロを飾る。次第に大きくなるハイピッチなスタッカート・サウンドが、賑やかなイントロから曲全体を通して登場するが、これは一九六七年リリースの〈Jericho Jerk〉というインストゥルメンタル曲からのサンプルだ（クレジットはされていない）。滝から流れ落ちる水のようなサウンドは、暴力、ドラッグ、刑務所に飲み込まれていく無数のアフリカン・アメリカン男性の運命を象徴している。〈Devil's Pie〉の音楽は、ゴツゴツとしたベース・リフが地下鉄のようにトラックを走り、多重録音された（時として聞き取り不能な）ディアンジェロのヴォーカルと、点在するサンプルを下支えしている。ディアンジェロは、〈The Revolution Will Not Be Televised〉でのギル・スコット・ヘロン並に憤慨しているが、自分の将来に対する憂慮をより強く滲《にじ》ませている。ブライアン・ジャクソンのフルートがスコット・ヘロンの怒りを引き立てた一方で、〈Devil's Pie〉で際立つのは、共同ソングライター／プロデューサーのＤＪプレミアが巧みに作り出したカオスのような声とサウンドだ。

刑務所に入る。経済的・政治的な苦境に立たされる。命を落とす……ディアンジェロは、自分にもこうした危険があることを自覚している。米国でアフリカン・アメリカンが州刑務所に投獄される割合は、白人よりも五倍高い。彼が生まれたヴァージニア州に占めるアフリカン・アメリカンの割合は人口の十九パーセントだが、刑務所の中では半数以上に及ぶ。[*5][*6] その名声、成功、そして才能をもってしても、ディアンジェロは黒人男性として生きる上での落とし穴に、自らも陥る可能性を排除していない。〈Devil's Pie〉のリリースから数年後、ディアンジェロはドラッグと犯罪行為に堕ち、曲中で語っていた恐怖は現実のものとなった。

音楽業界は、その存在自体が間違いなく「悪魔のパイ」である。「最大限の金を稼ぐこと」対「自分の芸術性を守る」という問題は、黒人のレコーディング・アーティストが特に苦悶してきたことだ。黒人シンガーやソングライターには、正当な印税を拒否されてきた長い歴史がある。パイがどれほど「邪悪」であれ、この文脈においては〈Devil's Pie〉もまた、音楽業界の不平等について語っており、相当数のパイを奪われてきた黒人アーティストを連想させる。

二十一世紀に入り、音楽を消費する最も人気の高い形態（スポティファイやアップル・ミュージックといったストリーミング・サービス）からアーティストがわずかな収入しか得られない現在、音楽制作者は、商業的な楽曲使用や映画での楽曲使用に依存するようになっているが、これでアーティストとしての純度を保つことができるのだろうか？　ディアンジェロ自身は、〈Devil's Pie〉をブルース・ソングだと形容し、「チェイン・ギャングとか……マッサ〔ご主人様〕に命じられたものなら、何でも摘んでいる奴隷」が歌うメロディにインスパイアされている、とも語っている。[*7] この場合、看守や奴隷主はレコード・レーベルやストリーミング会社のCEOであり、アーティストは自分の作品やキャリアに対してほとんど力を持たず、田畑で働いている者たちである。

ディアンジェロはまた、自身を縛る見えない鎖についても歌っている。滅多に関わることのないマスコミからの要求や、彼自身が表現できる範囲を超えた感情の発露を期待するファンからの要求といった、名声の重圧によって作られた鎖のことだ。

「悪魔に魂を売るとは、どういうことか？」私はヴードゥー教について話を聞きながら、プリンストン大学アフリカン・アメリカン研究学部のイマニ・ペリー教授に尋ねた。「パイを一切れ手に入れるために支払う精神的な代償とは？　ある意味、アルバム全体が、こうした深遠かつ精神的な質問を呼び起こしていると言えるでしょう」。〈Devil's Pie〉はヒップホップそのものが持つ難問であると、ペリー教授はまとめている。ディアンジェロをはじめとする黒人アーティストは、資本主義のアメリカに依存している。その一方で、彼らは黒人搾取の上に成り立っているシステムや国を批判し、それに反発するために、商品化されたブラックネスを利用している。[*8]

個人的なレヴェルでは、ディアンジェロはそのキャリアにおいて、欲しいものは何でも手に入れることができる地点にまで到達していた。彼のファースト・アルバムは、商業的に成功を収めた。ミュージシャンは年齢やジャンルを超えて彼の才能を称賛し、彼とのコラボレーションを切望した《Voodoo》のリリースから十年以上経って、「D

は俺たちの誰よりも優れていた」とクエストラヴは語っている[*9]。女性は彼に性的欲望を抱き、彼との交際を望んだ。これらは、資本主義やファン・カルチャーの勝者に与えられる典型的な報酬である。このような特権は、誰にとっても目が眩むほどの力を持ち、圧倒されることすらある。しかし、どちらが恐ろしいだろう？　普通なら、二十代の黒人男性が夢見るだけで終わる生活を手にしていることだろうか？　それとも、ヒットが出なくなればこうした特権も失われ、高級車に乗っていても、警察に止められたら何の意味も持たないということだろうか？　解決できない現実に、どうやって対処すればいいのだろうか？

《Voodoo》全体を繋ぎ、ディアンジェロとアルバム参加者の感情、エネルギー、創造的な葛藤が流れる大動脈となる曲があるとすれば、私は〈Devil's Pie〉に一票を投じる。アルバムは、「矛盾することを両立させてみる」というディアンジェロの試みだ。〈Devil's Pie〉は、ラジオでかかりやすく売れる音楽を作ることに対して、創造性の限界を目指すという内面的な葛藤を露わにしている。《Voodoo》は、音楽業界に対する挑戦だった。クエストラヴが言うところの「メインストリームでかけるには急進的すぎる」レコードだ[*10]。アルバムは、ファンに目覚めを呼びかけ、金を得たいがために悪魔の慰みものとならないよう、黒人の仲間たちに訴えていた。

《Voodoo》のライナーノートで、挑戦状は叩きつけられた。黒人アーティストにとって、ラップやヒップホップはかつて、アフリカン・アメリカンを抑圧する法的・経済的な構造を批判するクリエイティヴな場だった。スポークン・ワードの詩人／レコーディング・アーティストのソール・ウィリアムズによるライナーノートは、新しい独創的なものを作ることよりも、金を儲けることに気を取られていると、ラッパーを批判している。特に将来を暗示している一文で、ウィリアムズは「スライ・ストーンよりもドナルド・トランプを崇拝しているようだ」と、同胞を非難している。[*11] 二〇〇〇年のリリース時ですら、皮肉の効いたこの一文は私の笑いを誘った。ウィリアムズは、富に憧れてトランプの名前を挙げた多くのMCについて、真実を語っていた。[*12] 中でもカニエ・ウェストは、その後もトランプと交流を続けている。こうしたラッパーは、トランプが「セントラル・パーク・ファイヴ」の死刑執行を公然と呼びかけたことにすら目を瞑《つぶ》った。「セントラル・パーク・ファイヴ」とは、一九八九年にニューヨークのセントラル・パークでジョギングしていた女性をレイプし、残虐な暴行を加えた容疑で起訴され、彼らと犯行現場とを結びつける具体的な物的証拠がなかったにもかかわらず、有罪判決を受けた十代の少年五人（アフリカン・アメリカン四人とラティーノ一人）の俗称だ。五人は六年から十三年の獄中生活を送ったのち、二〇〇二年に無罪判決を受けた。

二〇一六年に何が起こったかは、誰もが知っている。人種差別、イスラム嫌悪、女性嫌悪、投票妨害などを材料にして、悪臭を放つ悪魔のパイが焼けた。オーブンの中から飛び出したのは、ドナルド・トランプ。アメリカ合衆国大統領だ。

我々が人生で直面する誘惑は、我々の倫理観や健康を害する危険もある。便利さや快楽のために選んだことが、のちに大惨事をもたらす可能性もある。悪魔のパイはデザートではない。それはメイン料理で、誰もが一口は食べたことがある。

プライドは、普遍的な感情だ。自分、家族、コミュニティ、国、功績に対して持つプライド。しかしそれは、潮の満ち引きのように変化するものでもある。誰にでも、自分を疑う瞬間はあるのだ。〈Playa Playa〉が自信（傲慢さすら）を讃え、〈Devil's Pie〉が怒りを表現するのに対し、〈The Line〉は男性的なエネルギーを投影しながら友情を歌い、自分や愛する人々を守りたいと語ると、ブルースの趣をヒップホップのドラム・ビートに融合させている。

ディアンジェロは〈The Line〉の中で、プライドを守ると歌っているが、これは〈Devil's Pie〉で語っていた誠実さを失うことへの不安を持ち越している、と読み取ることができるだろう。

ディアンジェロは《Voodoo》を制作する上で感じたプレッシャーへの返答として、〈The Line〉を書いたと語っている。「自分が信じていることにこだわり続けるのが、重要だった……俺はただ、良い音楽を作ろうとしていただけだ。良い曲をね」[*13]。〈Devil's Pie〉と同様、〈The Line〉も二重の意味で解釈できるだろう。ディアンジェロはアーティストとして自分に誠実であり続けながら、大切な人々に対する連帯を表明しているのだ。

オクターヴを駆け上がるギターのアルペジオは、希望のメタファーだ。ギターの音は、下へと沈んだり、まっすぐに進んだりはせず、上に向かって泳ぎ、水面を突き破っていく。同曲、ひいてはアルバム全体で、Dは批判を受ける危険を冒している。富や功績にかかわらず、黒人男性が日々行なっていることだ。芳しくない評価、鈍い売れ行き、私的な問題など、何がやって来ようとも、彼に審判を下すことができるのは、神だけだ。

〈The Line〉、〈Devil's Pie〉、〈Playa Playa〉の醸し出すアグレッシヴなエネルギーとは対照的に、〈Greatdayindamornin'〉は口調も控えめで、黒い肌を持つ複雑な男性としての現状を受け入れ、生き延びようとしている曲だ。ディアンジェロは、這いつくばって生きる日々に疲弊しているが、それでも努力を止められないと歌っている。

死の暗示や、厄介な状況を打開する必要性が語られていることを考えると、曲の主人公は、違法ながらも利益の上がる商売をしている人物（ただし、曲中で批判はされていない）だと解釈できる。しかしそれと同時に、社会的・経済的な階段を上るのに苦労している多くの黒人労働者についての歌だとも言えるだろう。〈Greatdayindamornin'〉は、未来が何をもたらすのかも知らず、未来が来ることすら分からずに、日々を生きていくことを歌っている。複雑に絡み合うリズムが、ここでもビートに乗り（クエストラヴのドラムと、ハンターのベース／ギター）、つまずきながら生きる者の感覚を呼び起こしている。私はこの曲を聴いていて、まっすぐに歩こうと努力しながらも、足元が覚束ない気分を味わった。

軽やかなオルガンの上に重ねられたヴォーカルは、活力を呼び戻すような朝日の輝きを伝えている。一日を乗り切り、新しい一日を始めるご褒美だ。ディアンジェロは、素晴らしい朝に憧れ続けていると歌う。彼が素晴らしい朝を知らないのは明白だが、それでも彼は求め続ける。金銭が究極の目標となり、仲間内では男らしさが唯一の尺度となると、黒人男性は、非常に危険な人生のゲームをするしかないと思うのかもしれない。貧困にあえぐブラック・ネイバーフッドでは、黒人男性が道義に反する仕事をしたり、嘘をつき、詐欺や盗みなどを働いたりしても、金さえ稼いで戻ってくれば許される。[*14] もちろん、〈Greatdayindamornin'〉は、狭義では黒人男性の人生を考察しているが、普遍的に共感を呼ぶ願いでもある。私はこの曲を聴くと、敵や障害物を見据えながら、頑張り続けようというメッセージが必ず心に残る。法を守って豊かな暮らしをしていようと、法を犯して苦闘しながら生きていようと、あなたが誰であろうと関係ない。素晴らしい朝を探し求める気持ちは、シーシュポスの重労働のごとく、果てしなく続いていくのだ。

〈Greatdayindamornin'〉のテーマは、一九九七年にエリカ・バドゥがリリースしたデビュー・アルバム収録の〈Other Side of the Game〉と対になる、と私は考えている。バドゥはサヴァイヴァル・ゲームを女性の観点から語っており、違法な地下組織で薬物取引を行う恋人に対する葛藤した感情を歌っている。彼女は恋人の仕事を愛しているわけではないが、自分だけでなく、曲中でも触れられているように、お腹の中の子どもを養ってくれている恋人を愛している。

〈Other Side of the Game〉には、クエストラヴとジェイムズ・ポイザーという《Voodoo》の主要メンバー二人が共同ソングライターとして名を連ねているが、二曲の音楽性には違いがある。〈Otherside〉はより芳醇なジャズ調の楽曲である。一方〈Greatday〉は〈The Root〉と同様、多彩なヴォーカル・アレンジを施した歌いやすいコーラスを有する、ファンキーで流れるような楽曲だ。〈Otherside〉も〈Greatday〉も、裏稼業がどのようなものかを多面的に描いており、メディアが描くステレオタイプから一歩踏み込んだところまでリスナーを誘ってくれる。

〈Playa Playa〉、〈Greatday〉、〈The Line〉、〈Devil's Pie〉はいずれも、過酷な現実、成功、矛盾の中で生きる黒人男性の感情のダイナミクスを表現している。中でも〈Devil's Pie〉は、（肉欲だけでなく）金銭欲が、黒人の精神に与える代償を考察している——自問的なテーマは、《Voodoo》の中だけでなく、ディアンジェロのキャリアを通じて繰り返されている。これらの楽曲は、虚勢と死の恐怖のあいだという、多くの黒人男性が置かれている緊迫した空間について、丁寧に描き出している。そして、一方では生存主義な自己防衛本能、もう一方ではごく繊細かつ深い感情という、相反する感情を浮き彫りにしている。

男らしさという考えは、強さを伝えるために作られている。音楽を作るという考えは、真実を伝えるためのものだ。その真実は外観を裏切り、アメリカで黒人／男性として生きることの意味について、より包括的かつ現実的な理解をもたらすこともある。脆《もろ》さと強さは、矛盾するものではない。アフリカン・アメリカン男性は、自身の中の陰と陽を受け入れることができるはずだし、受け入れるべきなのだ。《Voodoo》は、いかにして脆さと強さを同じ力で示すことができるかを音楽で示している。このアルバムの中では、ありのままの姿が晒《さら》されているのだ。

CHAP 05

第五章
内なる乙女が歌い上げる愛と官能

THE FEMININE MYSTIQUE

ポピュラー音楽において、愛は常に重要なテーマだ。カップルが結ばれ、そして別れるといった恋愛関係は、ソングライターにとって大きなインスピレーションの源である。愛という綱渡りは、ディアンジェロが《Voodoo》を作る際にも一役買っていた。女性を愛すること、女性と愛を交わすこと、女性が自分に対して及ぼす力。すべてはアルバムの中で言及されている。彼は自分の中の女性性を歓迎し、一般に異性愛者の男性とは結びつけられていない感情を表現することを恐れない。ディアンジェロは、社会学者のマイケル・エリック・ダイソンが呼ぶところの「フェミフォビア」を積極的に拒否している。女性性を受け入れ、抑圧的な男性性に反発するその姿勢は、《Voodoo》のアルバムノートにも記されている。

我々が男性としてこの新しい世界に存在するのであれば、我々の多くはハート／男性の芸術（heart / he-art）の底から女性性を受け入れ、育むことを学ばなければならない。しかし、ヒップホップの退廃的なマンション／男性の館（mansion / man-sion）の中に、こうした芸術性が存在する余地はあるだろうか？[*1]

ヒップホップ（そしてカリブ海やアメリカ南部の影響を受けながら派生したトラップ・ミュージック）が人気を博すにつれ、ソウル・ミュージックもそれに追随し、バラードやスロウ・ジャムで表現される柔らかな感情から遠ざかっていった。過剰な男性性とそれに対応する女性嫌悪《ミソジニー》の混合が、ヒップホップの明らかなスタンダードとなり、女性は「ビッチ」、「ホー」、「チキンヘッド」、「thot（「that ho over there／あそこにいるヤリ●ン）」の頭文字）」と呼ばれた。女性に対する侮辱は、ヒップホップ・ミュージックに織り込まれ、R&Bにも波及した。男性ヴォーカリストは、真実の愛や親密さよりも、女性をモノにしたことや、品のない性的なテクニックを自慢するようになったのだ。一九九〇年代から二〇〇〇年代初頭にかけて、マーヴィン・ゲイの〈I Want You〉は古臭くなり、女性の体をジープに喩えたR・ケリーの歌のような楽曲に取って代わられた。

「品がなさすぎるだろ。『上から下まで嘗《な》め回してあげる』とか、何歌ってるんだよ。こんなのをもう一曲でも聴いたら……」[*2]と、ディアンジェロは一九九九年に語っている。

ただし、アルバムのライナーノートに書かれたモラルの高い言葉と、ディアンジェロが取材陣に漏らした不満は、《Voodoo》の三曲目を考慮してはいなかったようだ。〈Left & Right〉は、メソッド・マンとレッドマンの無作法なラップを曲間に挟んでいる。無遠慮で好戦的なレッドマンは曲の終盤、レコーディング・スタジオの中で「ブラウン・シュガー（褐色の肌をした美女）」を意のままにしていると自慢している。これは、女性をモノ扱いしながらも、その女性を誘惑しようとしている曲だ。これがストリッパーについて書かれた曲であることを考えると、その試みも的外れとは言えないだろう。[*3]〈Left & Right〉は（自身も元MCだった）ディアンジェロが、ヒップホップとソウルへの愛を結びつけようと試みた意欲作だった。クラブ向けのセクシーなダンス・トラックと、ヒップホップ・ファン向けのヒット・シングルとしての二役を担う意図を持った一曲である。

クエストラヴは、Okayplayerに掲載されたプレリリース・エッセイの中で〈Left & Right〉制作のプロセスを概説しており、この曲はザ・ノトーリアスB.I.G.の死後にリリースされた名盤《Life After Death》から一部インスパイアされ、ディアンジェロが「反抗的で危険なこと」を探求するスペースをアルバムの中で提供したと記している。当初は、誰がラッパーに起用されるか分からなかった。コモンとザ・ルーツのブラック・ソートは当時、ヴァージン・レコードから知名度が低いと却下された。ア・トライブ・コールド・クエストのQティップはヴァースをレコーディングしたものの、関係者からは不評だった（彼は同曲の共作者としてクレジットされている）。マネージャーのドミニク・トレニアは、より力強いスタイルを持つ屈強なイメージのラッパーを求めた。こうして、メソッド・マンとレッドマンのどぎついヴァースが採用された（同曲の「クリーン」・ヴァージョンはラジオ向けにリリースされ、ミュージック・ヴィデオ用にも使用された）。[*4]

〈Left & Right〉を聴いて、快楽主義的な空想に浸っていると、つい体が動いてしまう。ディアンジェロは、理想の女性に、クンニリングス（彼は大乗り気だ）を含む前戯を提案している。[*5] それでも、ブラック・フェミニストを自称する私は、ラップの箇所に若干の不快感を覚えた。私はこの曲が好きでたまらないことに、罪悪感を抱き続けている。《Voodoo》のリリース時、〈Left & Right〉はアルバム中で特に好きな曲だった。多くの女性ヒップホップ・ファンは、「性差別的なリリックとイメージの地雷をよけながら、音楽を楽しむ」という難問に気づいている。クエストラヴ自身も、女性をモノ扱いするレッドマンとメソッド・マンのラップは、「ナイフで身を切るように痛い。

「ディアンジェロも」それを感じていた」と認めている。[*6]

《Voodoo》に収録された他の曲は、セックスとロマンスを大いに讃えている。ディアンジェロは、黒人女性を日々の生活に必要な滋養として考えており、CDのブックレットに掲載された二枚の写真で、さまざまな肌の色をした黒人女性たちと一緒にポーズを取っている。

写真の中で印象的だったのは、元パートナーのアンジー・ストーンのように肉づきのよい女性がいなかったことだ。南部女性の「肉感的な体」が特に好きだと語っていたディアンジェロの発言と矛盾している。[*7]

ディアンジェロにヴードゥーを仕掛ける黒人女性たちは、彼が音楽的な恍惚《エクスタシー》と激しく揺れ動く感情を創り出す上で、欠かせない要素だ。〈Devil's Pie〉や〈Greatdayindamornin'〉といった楽曲が、『アメリカの息子』のような流儀で二十世紀末を記録しているとすれば、次の曲はパブロ・ネルーダの愛の詩に相当するものである。

すべてはキスのような音から始まる。ため息。柔らかい声。ベッドが軋む音だろうか？　オルガンが響く〈One Mo' Gin〉のイントロのもとでは、意識を集中しないと聞こえないくらいの音量で、女性が男性の甘い囁きに応えている。同曲では、恋人と近況報告をするディアンジェロを垣間見ることができる。

「会えて嬉しいよ」

糖蜜のようにゆっくりと滲《にじ》み出すベースは、オルガンに合わせて大きくなる。BPM約六十四に設定されたテンポで、楽曲は官能的にゆったりと進んでいく。

「会いたかった」

「うん、会いたかった」

「誰かと、付き合ってるの？」

私たちは、薄い壁越しに会話を盗み聞きしているのだろうか？　それとも、この愛の空間に招かれているのだろうか？　言葉の断片は聞こえてくるが、二人が何を語り、何をしているのかは、想像に任されている。そしてこの謎が、曲の魅力にもなっている。これを聴いている女性たちは、この親密な会話の相手が自分だったらいいのに、と願うのだ。

そう思っているのは、私だけかもしれないけれど。

〈One Mo' Gin〉はインストゥルメンタルのコーラスに移行し、ディアンジェロがスタッカートで演奏するオルガンの音色がはっきりと聞こえてくる。一分あたりで、彼は優しく言う。「ここで会えて、本当に嬉しいよ、ベイビー」。〈Untitled (How Does It Feel)〉は、ディアンジェロの激しい肉体的な欲求を表現した楽曲だが、〈One Mo' Gin〉の中に登場する官能的な会話の一端については、メディアでほとんど論じられていない。はっきりと会話は聞こえないが、それでも〈Untitled〉に劣らず艶めかしい。

彼は付き合っていた頃の思い出や、彼女の身体的特徴、別れてから出会った中で、彼女に匹敵する女性はいないことを歌いはじめる。コーラスが二部、三部のハーモニーに分かれる〈One Mo' Gin〉は、ディアンジェロの歌唱力と巧みなヴォーカル・アレンジの見せ場となっている。同曲はまた、名匠ピノ・パラディーノによる肉厚かつ、海底に深く潜るかのようなベースに支えられており、彼のつま弾くフレーズが、肉感的な楽曲にさらなる趣を加えている。

三部構成のドラマティックなハーモニーが左から右のスピーカーへと移りながら、ヴォーカルはフェイドアウトしていく。曲のエンディングは、この女性がどれほど彼の感情を揺り動かすかを示唆しており、二人の過去から現在、彼が失ったものを浮き彫りにしている。この女性の面影は、ディアンジェロの心の片隅に棲み続けていたのだろう。彼女の姿を見て、思い出が蘇ったのだ。これは何世紀にもわたって、ロマンティストに理解されてきた感情である。この謎の女性こそが、「逃した魚は大きい」とディアンジェロが別れを後悔する相手であり、彼の墓場まで付きまとう女性なのだ。

〈One Mo' Gin〉から見事に流れを引き継いだのは、〈The Root〉と題された楽曲で、人に取り憑かれるというコンセプトをさらに一歩進めている。ディアンジェロは、ある女性に惹かれたことで、自分を根底――「根っこ《ルート》」――から揺るがされ、抵抗する意志も力もなくなったと歌っている。なお、この曲で歌われている女性は自分だと、ジーナ・フィゲロアは語っている。ディアンジェロがフィゲロアを自身の頭とベッドから追い出そうとした二回目の試みが、〈The Root〉の歌詞というわけだ。

〈The Root〉はエレクトリック・レディで自然に始まったジャムから生まれた曲でもなければ、(〈Spanish Joint〉のように)ディアンジェロの綿密なアイディアをスタジオで曲にしたものでもない。同曲は、チャーリー・ハンターの頭と手から生まれたものだ。彼は曲の進行、コード・チェンジ、ベース・ライン、ギター・ソロと、主要パートをディアンジェロに聴かせたという。ここからさらに他のパートとヴォーカル・アレンジが加えられた。ハンターはここでも特注の八弦ギター／ベースを演奏しており、ディアンジェロはドラムとキーボードを担当している。

〈The Root〉のアレンジは、曲の混沌と感情的な親密さを表現している。曲半ばの間奏で登場するハンターのソロは、ラッセル・エレヴァドの発案により、逆再生されている。虚栄心のないハンターは、自分の弾いたソロが認識できなくても意に介さず、「最高に気に入った」と語っている。ディアンジェロのヴォーカルのもとで聞かれる逆回転ソロは、思わぬ効果を生み出しており、彼がこの女性に対して抱く愛情／情欲／欲求が、さらに彼を混乱させる。ディアンジェロは、〈The Root〉のために四十を超えるトラックをレコーディングした。各ヴォーカル・パート十六トラックが、別のパートの十六トラックとミックスされ[*8]、ディアンジェロのヴォーカルで音の壁を作り上げている。エレヴァドは、同曲でのディアンジェロのヴォーカル・パフォーマンスについて、「天使のよう」だったと語っている。[*9]

《Voodoo》に収録されている他のどの曲よりも、〈The Root〉はアフリカのスピリチュアルな流儀と、ディアンジェロが育ったペンテコステ派の影響をはっきりと反映している。ヴォーダン（ヴードゥーよりも、よりアフリカ的な言葉で、複数の綴り方が存在する）もペンテコステ派も、「聖霊」を受け入れることを神聖な信仰と崇拝の要としている。ヴォーダン（西アフリカの先住民の慣習と、白人から奴隷に課されたローマ・カトリックの象徴主義が交錯している）の信奉者は、眠っているあいだと、憑依されている（「精霊に乗られている」とも言う）あいだ、魂は体を離れることができると信じている。ペンテコステ派も聖霊を信じているが、ヴォーダンでは憑依（ヨーロッパ中心的な宗教の定義）が歓迎され、大切にされる一方で、キリスト教は憑依を悪の所業と考えており、宿主から追い出すべき悪霊であると考えている。ディアンジェロが育ったペンテコステ派のホーリネス教会は、双方の側面を取り入れており、異音を話すことや、その他の超自然的な行為は、聖霊による洗礼の一部として受け入れられている。

〔〈The Root〉という〕タイトル自体が、古くから土地に根づいた神秘的な信仰を示唆している。不運に苦しんだり、体などの調子が悪い人に対して、誰かが「呪いをかけた（put roots）」という言い回しが使われる。女性が自分からあらゆる力を奪い、心に汚れた痕跡を残したとディアンジェロが主張する時、前者が暗示しているのはヴォーダン（「体から離れる魂」）だ。後者が暗示しているのは、女性が及ぼす偏在的な力の重みで（悪霊ではなくても、厄介な霊であることは間違いない）、彼の体から追い出さなければならないものである。この考察で間違いないだろう。

「彼は私が本当に呪いをかけたと思っていたけれど、真実とはかけ離れている」とフィゲロアは語る。「私はサンテリアにハマっていたの……ヨルバ族のね。彼はそれを怖がっていた。私はただ彼と別れただけなのに、地獄のような事態になった」。〈The Root〉が示唆するように、フィゲロアは文字どおり「彼を狂わせたスパニッシュ・ガール」なのだ。[*10]

「〈The Root〉は、官能的かつ宗教的なエクスタシーというパワフルな経験をシミュレートする霊の憑依が行きつく先を示しています」と民族音楽学者のローレン・カジカワは語る。[*11]ディアンジェロとエレヴァドの冴えわたったプロダクション・スキルによって、必要最低限の演奏がリスナーを飲み込む。しかし、スピリチュアルな経験の頂点にあるのは、絶望だ。多大な努力を要する愛は、人を傷つけ、疲弊させることが多い。〈The Root〉で描かれている弱さと、相手にすべてを委ねる姿は、ビル・ウィザーズが一九七二年に放ったヒット曲〈Use Me〉を彷彿させる。この曲も、黒人男性が服従的な関係（でありながら喜びを隠さない）を歌っている。

〈The Root〉の終盤は、ディアンジェロがコーラスを繰り返し、自らの混乱をアドリブで披露しながら、魅惑的なフレーズの全パートを歌い上げて終わる。彼は礼拝の伝統を踏襲したコール・アンド・レスポンスを一人でこなし、リスナーは彼とともに幻覚的な体験に身を任せる。カジカワは、終盤で聞かれるディアンジェロのヴォーカルについて、「リード・ヴォーカルよりもバックグラウンド・ヴォーカルを強く打ち出し、誰かの虜になった時と同じような欲望の形を模倣している」と解説している。[*12] 彼のブレイド・ヘアのごとくうねるメリーゴーラウンドのようなヴォーカルは、ディアンジェロとフィゲロアの波乱万丈な関係を端的に表現している。

この本の執筆中だったある日の午後、私は車の中で〈The Root〉を聴いていた。最後のヴォーカル・パートの最中に、私は赤信号を無視していた。信号が赤だったことすら気づいていなかった。もちろん、その時の私は運転が下手だったし、衝突や怪我がなかったのは幸いだったけれど、もしや私は取り憑かれていたのだろうか？

ここで指摘しておこう。音楽の才能とソングライティングの能力を絶賛されているディアンジェロだが、シンガーとしては正当な評価をされていないように思う。彼が教会のクワイアで鍛えたことは、ヴォーカルを聴けば分かるだろう。枕のように柔らかい歌声から、本格的なゴスペル歌唱へと切り替える能力とその情熱によって、《Voodoo》の楽曲はレコード上でもライヴでも、より豊かで多次元的になる。〈One Mo' Gin〉と〈Spanish Joint〉、そして〈The Root〉はおそらく、ハーモニー、ピッチ、バックグラウンド・ヴォーカルなどを自在に操るヴォーカリスト・ディアンジェロにとって、最高の見せ場となっている。《Voodoo》を通じて流れる多重ヴォーカルは、完璧と言っても過言ではない。ブライアン・ウィルソンが《Pet Sounds》で成し遂げた独創性と肩を並べるほどだ。

また、同アルバムのレコーディング当時、ディアンジェロは三オクターヴ半の音域を持つテナーという、誰もが羨む声域を持っていた。《Voodoo》での彼のヴォーカルは、ベース(A#2)まで下がり、ファルセットは〈Spanish Joint〉でF5、〈Untitled〉でG#5にまで上がり、メゾソプラノとソプラノの中間にまで達する。[*13]

タヴィス・スマイリー:君の高音域は、観客に何を伝えている?

ディアンジェロ:繊細さ。愛情。すごく男らしいのに、繊細な一面を見せることができる男性のことを伝えてる。あのファルセットが、それを完璧に表現してくれるんだ。[*14]

非の打ちどころのないあのファルセットは、ディアンジェロのドル箱であり、官能的な誘いでもある。彼の心、あなたの心へと続く扉なのだ。

アルバム中の二曲は、女性に対するディアンジェロの愛と誘惑の手段をより率直に表している。彼は、一九七〇年代にロバータ・フラックによってラジオ・ヒットした〈Feel Like Makin' Love〉を忠実にカヴァーしている。モンスター・ヒットを記録したアルバム《The Miseducation of Lauryn Hill》収録の〈Nothing Even Matters〉でディアンジェロがデュエットしたお返しとして、〈Feel Like Makin' Love〉はローリン・ヒルとのデュエットになる予定だった。複数の報道によれば、ヒルはこの曲をレコーディングする時間をまったく作らなかったという。しかし、ヒルはスタジオ訪問の日程を決めるために、ディアンジェロからの連絡を待っていたのだ、と彼女の代理人はタイム誌の記者に語ったようだ。[*15] クエストラヴは、「ローリンの曲はほとんどできていない」と主張し、J・ディラがプロダクションに取り組んでいると話すと、アルバムがリリースされる直前にデュエットがキャンセルになったことを示唆した[*16]［クエストラヴは、本書のインタヴュー依頼を断った］。

クエストラヴは、ヒルとディアンジェロが予定していたもう一曲のデュエット〈Geto

Heaven〉（一九九〇年にリリースされたファミリー・スタンドの〈Ghetto Heaven〉疑似カヴァー）のことを話していたのかもしれない。ディアンジェロがバックグラウンド・ヴォーカル、ディラがプロデュースを務めた同曲は、コモンの《Like Water For Chocolate》に収録された。これは、ディアンジェロがもらった〈Chicken Grease〉とトレードされた曲だ。不思議なことに、数人の音楽評論家が《Voodoo》のレヴューでヒルとのデュエットについて触れており、ごく初期のレヴュー用アルバムでは〈Feel Like Makin' Love〉にヒルのヴォーカルが入っていた可能性を匂わせている。いずれにせよ、アルバムの最終ヴァージョンでは、ディアンジェロがこの曲を一人で歌っている。

もしディアンジェロに弱点があるとすれば、彼のアキレス腱は他人の曲のカヴァーだろう。彼は凄まじいミュージシャン／ヴォーカリストだが、《Brown Sugar》に収録された〈Cruisin'〉と《Voodoo》に収録された〈Feel Like Makin' Love〉のスタジオ・レコーディングで、私はそこまでの激しさを経験していない。どちらもより伝統的なR&Bのラヴソングであることが、理由のひとつだ。また彼は、聴衆に深く愛された原曲から逸脱しないよう、忠実なカヴァーをしなければならないと感じていたのだろう。私は、ディアンジェロの比較的シンプルなリメイクよりも、ロバータ・フラックの〈Feel Like Makin' Love〉とスモーキー・ロビンソンの〈Cruisin'〉が好きだ。

ただし、観客の前でのライヴ・パフォーマンスとなれば、話は別である。ディアンジェロと周りを固めるミュージシャンは、ステージ上でどちらの曲にも新しい生命《いのち》を吹き込み、興奮をもたらす。

《Voodoo》ツアー中に、生で〈Cruisin'〉を聴き、遥かに大きな感銘を受けた。しかし、観客を真に盛り上げるのは、プリンスの〈She's Always in My Hair〉、アース・ウィンド・アンド・ファイアーの〈Can't Hide Love〉、スライ・アンド・ザ・ファミリー・ストーンの〈Thankful N' Thoughtful〉など、アルバム収録曲以外のカヴァーだ。こうした曲がセットリストに入った時、ディアンジェロは観客を興奮させ、会場を炎に包む。メインストリームなラヴソングを好む彼のファンはこの分析を受け入れたくないかもしれないが、ディアンジェロの根幹にあるものは、バラードよりもファンクに近い。彼はティーンの頃に「ザ・モスク」やアポロ・シアターのステージに立っていた頃と同じ情熱で、ステージを支配する。ライヴ・コンサートは、彼が生来持つ大胆な一面を存分に発揮する自由を与えてくれるのだ。

カップルにとってのハイライトは、今も変わりなく、「題名のない曲」だ。〈Untitled（How Does It Feel）〉は、ギリギリで《Voodoo》に加えられた。三年間のスタジオ作業を経てレコーディングされた最後の楽曲で、最終ヴァージョンに入る保証もなかった。曲は八分の六拍子で始まり、イントロはゆったりとしたペースで進むと、ラファエル・サディークのベースが唐突に止まる。突然の静寂は、何かの間違いか、もしくはキューを逃したかのようにも聞こえる。もしかしたら、ディアンジェロはミスをそのまま残し、ミュージシャンの不完全さを示したのかもしれない。このように生の音をそのまま世に出すことに対し、サウンドボードを担っていた男は当初、不安を感じたという。不完全さを讃えるにしても、度を越しているかもしれないと考えたのだ。「［当時は］すべてが洗練されていて、クリーンで、人工的だったからね」[*17]と、ラッセル・エレヴァドは語っている。

ここからすべての楽器が入り、最後まで演奏を続ける。このグルーヴに焦りなど一切ない。ゆっくり進んだ方が、心地良いのだ。ディアンジェロが歌いはじめると、そのヴォーカルは気だるい呟きのように聞こえる。曲が進むにつれ、感情的で性的な緊張が高まる。ディアンジェロは、女性から性的な反応を引き出したいと歌う。コーラスが繰り返される。音楽のドラマティックな効果に合わせて、曲の歪みが少しだけ大きくなっていく。ディアンジェロは恍惚の中で叫び、肉体的な絶頂に達したことを仄めかすが、実際はその瞬間に精霊を見つけたのだという。彼はこう語っている。

セックスのことは考えていなかった。スピリチュアルな体験について考えていたんだ。聖霊のことを考えていた。そして最後にあのエモーションを伝える時、聖霊のところまで行って歌った。[*18]

〈Untitled〉がアルバムに収録されたのは、終盤の一分二十秒のおかげだろう。最後のコーラスで、ディアンジェロの絶叫するようなファルセットが、「フィール」という言葉の途中でいきなり途切れる。不協和音の熱は、エンジニアによって急停止されたのだ。楽曲の唐突なエンディングは、私たちのオーガズムである。

〈Untitled〉は、性的に過激だったキャリア初期のプリンスへのオマージュとして書かれた。ディアンジェロと〈Untitled〉を共作したラファエル・サディークも、プリンスの熱狂的ファンで、〈Untitled〉を通じて巨匠に対する敬意を示したという。

〈Untitled〉は、音楽業界の意見を変えた楽曲で、セクシーなスローモーションのテンポは、他のミュージシャンにも模倣された、とサディークは語っている。[*19] しかし、ディアンジェロのファンとディアンジェロ自身に消えることのない痕跡を残したのは、〈Untitled〉のミュージック・ヴィデオだった（第六章を参照）。

〈Untitled〉は、当時ブラック・ミュージックで圧倒的主流だった超男性的な型どおりのラヴソングとは一線を画しており、当時の商業ラジオでかかっていた楽曲の中でも異彩を放っていた。女性は熱狂していたが、男性はこのあけすけな感情に抵抗を感じた。

二〇〇〇年代初頭、私がブルックリンのクリントン・ヒル地区にあるスーパーマーケットで買い物をしていると、地元のラジオ局をかけていた店内のオーヴァーヘッド・スピーカーから、〈Untitled〉が流れた。私の近くで男性が叫びはじめた。「消せ！ この曲、大嫌いなんだよ！」数秒後には、「こいつはオカマだ！」とまで。私は唖然とした。この曲が引き金となって彼は怒りだし、同性愛嫌悪の暴言を吐いたのだ。どんな黒人男性のラヴソングを聴いても、彼はこんな反応をするのだろうか？〈Let's Get It On〉のイントロで鳴るワウワウ・ギターを聴いて、ここまで自制心を失うだろうか？

新鮮な野菜を選んでいる最中に、マックスウェルの歌が聞こえてきたら、ここまで激怒するだろうか？　私には分からないし、彼にも訊かなかったが、彼の悪意に満ちた反応は、レジの列で待っているあいだに聞こえてきた楽曲に対する感情ではなく、ヴィデオに向けられたものであることに間違いないだろう。

官能性、魂をさらけ出した表現、ディアンジェロの精神性が前面に打ち出されている《Voodoo》は、最高の楽曲を集めた作品である。アルバム中の彼は、献身を誓う花婿であると同時に、自分の愛を示したくてたまらない黒い肌の少女でもあるのだ。

「［彼女の］木陰に座れることが嬉しい、［彼女の］果実は甘くて絶品[*20]」

「君はすべてが美しい、僕の愛する人。君には何の欠点もない[*21]」

黒人男性は人を愛することができるし、愛してもいる。しかし、荒れ地に咲く花のように、その愛を見つけることが難しい場合もある。ディアンジェロは、ロマンティックな愛を臆することなく黒人女性に向けて表現する。彼女たちは、黒人男性と愛し合い、親密な関係を築く難しさに日々直面している。マーヴィン・ゲイ、スモーキー・ロビンソン、そして自身のヒーローであるプリンスといったシンガー／ソングライターの伝統を受け継いだディアンジェロは、「乙女」になることを恐れない。しかし、残念ながら、女性的な側面をここまで出すことをすべての黒人男性が受け入れられるわけではない。一九九九年末に〈Untitled〉のヴィデオがリリースされた時、《Voodoo》にまつわるこの種の抵抗は頂点に達した。黒人男性の割れた腹筋は、剥き出しの男らしさを象徴するものだが、このヴィデオでは弱さを象徴し、異性愛者の黒人男性からは「クィア」だと即座に却下された。

米国有数の心理学者たちは、「従来の男性的イデオロギー」という概念は有害であると考えており[*22]、弱さを表現することは、音楽をはじめとする芸術様式で重要とされている。こうした楽曲が、願わくば有害な男らしさの要塞を削ぎ落せるならば、異性愛者の黒人男性も素直に感情を表現できるようになるだろう。

CHAP 06

第六章
“題名のない”ヴィデオに殺されかけたR&Bスター

VIDEO (ALMOST) KILLED THE R&B STAR

外見ではなく、内面に目を向けるべきである――イソップ
見過ごされるよりも、見つめられる方がいい――メイ・ウェスト

朝の七時半に電話が鳴った。一九九九年十二月、火曜日の朝。私は電話に出た。

「MTV、つけて!」友人のローラが、受話器越しに絶叫せんばかりの大声で言った。マンハッタンでの新しい仕事に就いて二週目だった私は、コートを着て出勤しようとしていた。

「あとでもいい? 仕事に行かなくちゃ。遅刻したくないんだ。私……」

私はリモコンを手に取ると、MTVをつけた。男性と裸の腹部が見えた。君が欲しいものならすべて与えてあげる、なんて言っている。珍しいことに、私は不意を突かれ、何も言えなかった。沈黙の中、数秒が過ぎた。

「分かった。もう行かなきゃ」と私は言った。

私は電話を切ると、そのままテレビを見つめていた。眠そうに瞼《まぶた》を開き、睫毛《まつげ》を蝶の羽のようにはためかせる彼の姿が見える。カメラはゆっくりと彼の胴体を映し、私は言葉を失った。汗を光らせ、激しさを醸し出す、コーヒー色をした男性の体躯。私

は感嘆して見つめていた。その時は気づかなかったが、私の口は大きく開いていた。私はこの瞬間、必死で息を吸い、ミリオンセラーとなったテリー・マクミランの小説のように「ため息つかせて」もらおうとしていたのだ。

体のパーツとしての腹部は、セクシーではない。ワークアウトのヴィデオの言うことなど無視してほしい。腹部はあなたが思っているようなものではないのだ。腹部とは、腎臓、横隔膜、胃、小腸、大腸、膵臓《すいぞう》、肝臓、胆嚢《たんのう》といった臓器の集合体である。しかし、腹部を覆う筋肉が、厳しい運動とダイエット、活発な代謝によって、広く望まれる「シックス・パックス〔割れた腹筋〕」となる。《Voodoo》のレコーディング中、この筋肉を鍛えることが、ディアンジェロの目標となった。彼はパーソナル・トレーナーのマーク・ジェンキンスとワークアウトしたあと、レコーディング・セッションにやって来ることが多かった（そして大抵は遅刻していた）。これはディアンジェロにとって、壮大なイメージチェンジの一環だった。キーボードの後ろに座る少々ずんぐりとした新人から、女性の注目を浴びる正真正銘のセックス・シンボルへのレヴェルアップが目論まれていたのである。改造されたディアンジェロの肉体が披露されたヴィデオは、ニルヴァーナが一九九一年にリリースした〈Smells Like Teen Spirit〉のミュージック・ヴィデオ（アナーキーな高校の激励会といった様相だ）以来の大きなセンセーションを巻き起こしたと言っても過言ではないだろう。褐色に輝く肌、性的願望の暗示。眼福が四分間続く。ヴィデオは一九九九年末から二〇〇〇年の大半にわたり、ポピュラー・カルチャーを席巻した大事件となった。

セックスは売れる。そして、エンターテインメント業界ほどセックスが売れる分野は皆無に等しい。ディアンジェロのマネージャー、ドミニク・トレニアはそれを知っていた。彼は若いディアンジェロに、音楽以外でも大きな話題をさらってほしいと思っていたのだ。〈Untitled（How Does It Feel）〉のヴィデオは、トレニアの切り札だった。主にアフリカン・アメリカンのコミュニティで知られている玄人好みのシンガー／ソングライターを世界的な有名人にすることで、レコードを売り、さらに上を目指すという大胆な試みだった。ミュージック・ヴィデオ・チャンネル全盛で、移り気なファンが多い時代において、天才ミュージシャンであるだけでは、メインストリームでの大ヒットには至らなかった。一九八〇年代、マイケル・ジャクソンの魅惑的なヴィデオで、MTVは文化的な巨人としての地位を獲得した（ただし同局は当初、人種差別的だった——私はこれを「黒人アーティストに対する恐怖」と呼びたい）。そして、

《Thriller》は世界のセールス記録を塗り替えた。プリンスが一躍スーパースターとなったのも、半自伝的な長編映画〔『パープル・レイン』〕がきっかけだった。

トレニアの壮大な計画の障害となり得たのは、ディアンジェロの内気さだった。彼は当初、マネージャーのアイディアを受け入れなかったという。「[ディアンジェロは]私の言っていることをきちんと理解できなかった」とトレニアは語っている。「裸って、どういうこと？」[*1]

ヴィデオの監督は、ミュージック・ヴィデオやコマーシャル制作の経験豊かなポール・ハンター（トレニアは共同監督としてクレジットされている）。タトゥー、スプレーで吹きつけられた「汗」、首からぶら下がった大きな金の十字架で飾られたディアンジェロの筋肉質な上半身が映る。その後、三六〇度ゆっくりと回転しながら、ディアンジェロの体は全方向から映し出される。十秒ほど、胴体の下部がアップになると、ディアンジェロのへそはおそらく、ポップ・カルチャー史で最も凝視された。彼は、ミケランジェロによる「ダビデ像」のアフリカン・アメリカン版となった。テレビ画面の中で生命《いのち》を宿した、思慮深くも雄々しい褐色の彫刻。

朝から思いがけず官能的なヴィデオに圧倒された一時間後、私が出勤すると、細長いオフィスの奥で女性たちが談笑していた。近づくと、彼女たちが何を言っているかが分かった。「ディアンジェロの新しいヴィデオ、見た？」このシナリオは、黒人女性が集まるあらゆる場所で、何日どころか何週間も続いた。「どんな気分？《How Does It Feel?》」と、大勢の人々（とりわけ黒人女性）は、数カ月にわたって自問した。このヴィデオは、全米の女性と相当数のクィア男性の心と唇に宿り、ヴィデオが流れるだけで、見る者は静かなる興奮を覚えた。妹との長距離電話中に、沈黙。行きつけの美容院に電話した時も、受話器を通じてディアンジェロのくぐもったファルセットが聞こえてくると、普段は忙しくて騒々しい顧客たちがたちまち大人しくなった。

　当時、ヒップホップとソウル・ミュージックのジャーナリストとして活躍していたダニエル・スミスも、美容院で似たような経験をしたという。

> BETやMTVはずっと流れっぱなしで、誰一人として気にも留めちゃいないのに、あのヴィデオが流れると、ヘアピンの落ちる音が聞こえるほど静かになった。女性たちはみんな、黙って見つめていた。ヴィデオが終わると、一斉にため息をつき、「オー・マイ・ゴッド！　なんて美しいの！」なんて話していた。[*2]

　プリンストン大学のイマニ・ペリー教授は、〈Untitled〉のヴィデオを初めて見た時、同様の感情を抱いたそうだ。ペリーにとって、ディアンジェロはアフリカン・アメリカン男性の美の模範だという。「［ヴィデオは］無駄を削ぎ落していて、この信じられないほど美しい……核心を垣間見ることができます。社会がまだどう対処していいか分からなかった美しさです」とペリーは語っている。

「すべての女性が、［〈Untitled〉を］初めて聴き、ヴィデオを見た時のことを覚えている」と語るのは、シリウスXMのアーバン・プログラミング担当部長を務めるディオン・サマーズだ。《Voodoo》のリリース時、サマーズはメリーランド州ボルチモアの人気R&B局、WERQ－FM（92Qジャムズ）のプログラム・ディレクターだった。「〈Untitled〉は、彼にとっての《Thriller》だった。あの曲とヴィデオを切り離すことはできない」とサマーズは語る。「あの瞬間は、誰の目にも眩《まぶし》かった。『彼が戻ってきた』と［ラジオ局の］誰もが思った」

〈Untitled〉のヴィデオはあまりに強烈で、ディアンジェロの所属レーベルに勤める音楽業界のヴェテランすら、見た途端に圧倒された。リリースに先立ち、〈Untitled〉

は　ヴァージン・レコードの重役会議で上映された。あらゆるものを目にし、何にも動じなくなっていた重役たちが、一目見ただけで黙り込んだ。当時、ニューヨークでレーベルのインターンをしていた友人は、ヴィデオが終わったあと、部屋は「水を打ったように静まり返っていた」と誰もが繰り返し話していた、と私に教えてくれた。

〈Untitled〉は、トレニアの目論見どおりの結果を出した。二〇〇〇年の幕開けと同時に、「あのヴィデオ」として知られるようになると、MTVとBETでヘヴィー・ローテーションされた。ディアンジェロはゆっくりと目を開け、カメラをじっと見つめながら唇を舐める。アドニスのように輝く体で思いを切々と述べながら、性的な親密さを求める。〈Untitled〉が今日リリースされていたら、こうした「魅惑的な」シーンは間違いなく、ネットを騒がせていただろう。フランスのファッション写真家、ティエリー・ル・ゴウが撮影した《Voodoo》のアルバム・ジャケットで、ディアンジェロが披露した岩のように頑強な肢体も、ミームとして永遠に利用されただろう。

パフォーマンスやミュージック・ヴィデオでヌードになることは、特に目新しいアイディアではなかった。一九七〇年代から一九八〇年代にかけて、「ショック・ロックの女王」と呼ばれていたプラズマティックスのフロントウーマン、ウェンディ・O・

ウィリアムズは、ステージ上でセミヌードや全裸（ただし髭剃りクリームで体を覆ってはいた）になっていた。レッド・ホット・チリ・ペッパーズも、ソックスのみを局部につけたライヴ・パフォーマンスで知られていた。一九九〇年代後半には、アラニス・モリセットが〈Thank You〉を歌いながら、ロサンゼルスを裸で動き回るという設定のヴィデオを作り、ブリンク182は〈What's My Name Again?〉と尋ねながら、実際に裸でロサンゼルスを歩いた。しかし、万人の注目をさらったのは、〈Untitled〉のヴィデオが醸し出すあからさまに性的なエネルギーだった。そのため、同ヴィデオは批判の標的となると同時に、インスピレーションにもなった。

「あのヴィデオ」の初公開からまもなく、BETではそれをネタにすると、ディアンジェロに比べて筋肉量も歌唱力も遥かに劣る若い黒人男性が出演するヴィデオを放映した。二〇〇二年にリリースされたR&Bヴォーカリスト、ジャグア・ライトの〈The What Ifs〉も、撮影法とコンセプトは〈Untitled〉のヴィデオを真似ているが、そこにひねりを加えている。ライトのヴィデオの最後では、カメラが引いてワイドショットとなると、妊娠中だった彼女のお腹を映し出すのだ。ライトのヴィデオから十一年後、ロック／ポップ・グループのパニック！アット・ザ・ディスコのリード・シンガー、ブレンドン・ユーリーは、同バンドのシングル〈Girls/Girls/Boys〉を裸でリップシンクしながら、〈Untitled〉のヴィデオをほぼそのまま再現した。ユーリーは、ディアンジェロのオリジナルを「史上最高にセクシーなヴィデオのひとつで、僕のお気に入りでもある」と語っている。[*3] また、アッシャー・ロス（彼も白人シンガーだ）は、ディアンジェロの声に合わせてリップシンクするユーモラスなリメイクを発表。フィラデルフィア出身のデュオ、パターン・イズ・ムーヴメントのリード・ヴォーカリストは、自身の〈Untitled〉な体をヒートマッピングの視覚効果で披露し、同曲をカヴァーした。

〈Untitled〉の原曲とヴィデオは、近年の記憶の中でも、黒人の男らしさ、繊細さ、官能性を表現した作品として傑出している。〈Untitled〉の原曲はディアンジェロを追う者として描いているが、ヴィデオは彼を「捧げもの」として描いている。彼は自らの体と愛を女性（表向きはヴィデオの視聴者）に捧げている。ヴィデオの公開直後、友人のミシェルが会話の中で言っていたように、部分的なヌードですら、「〈男性の〉弱さの暗喩《メタファー》」となった。〈Untitled〉のヴィデオは美しくセンセーショナルだったが、その目的を果たしすぎてしまったかもしれない。私が思うに、同曲は感情と欲望を誠実に表現しているが、ヴィデオは対照的に、音楽を宣伝するため、意図的にセックスを売りものにしている。視覚メディアを専門とする学者のキース・M・ハリスは、ディアンジェロを「自己満足用のエロティックな客体」、ヴィデオを「ディアンジェロの体全体を映し出し、娯楽と視覚的快楽を与える装置として機能している」と評している。[*4] 同ヴィデオは、「男性の視線」と真逆のことをしている。そこに、アフリカ系アメリカ人に対する残虐行為と奴隷制の歴史が加わると、同ヴィデオの解釈はますます複雑になる。

つまり、裸体を性的通貨として商品化するだけでなく、数世紀にわたって黒人の体を実際の通貨として商品化してきたアメリカ社会において、ディアンジェロ、ハンター、トレニアの三人は、一見ロマンティックで罪のないヴィデオのメッセージをコントロールできなくなったのだ。

イマニ・ペリー教授は当初、〈Untitled〉のヴィデオの「美しさに圧倒された」が、のちにディアンジェロのことが心配になったという。

「これを見ているのは私たち「ブラック・ピープル」だけではない」と思うと、不安になってきました……彼の消費のされ方に、不快感があったのでしょうね。

特に私は歴史を研究していて、どんな黒人男性の肉体が最も魅力的だとされ、最もお金になるか、最も効果的に搾取できるか、という記述を読んでいるので。悩ましい考えに駆り立てられて、こうした歴史を思い出してしまいました。それに、奴隷制後、リンチ、男性が服を剥ぎ取られる、という観点から考えると、ああいう裸体は、人種的な恐怖の一部になっていました。私は緊張を感じました。ある意味、これはヒップホップ全体を流れる緊張感でもあります。黒人を破滅させるために無法者だとレッテルを貼る社会の中で、黒人が無法者として名を馳せる……これは、どんな意味を持つのでしょう?

この議論は分析としても信憑性があるが、「あのヴィデオ」が音楽チャンネルでヘヴィー・ローテーションになっていた頃、私の頭にはまったく浮かばなかった考えだ。私の反応は、原始的かつ感情的だった。ディアンジェロは、セクシーで感情的に成熟した男性として連想されるイメージで、その肉体的な美しさは、美しい歌声と釣り合っていた。

社会構造としての人種が、黒人の身体を「人種の象徴的イメージ」とするのなら

[*5]ば、ディアンジェロの体は〈Untitled〉のヴィデオで何を象徴しているのだろうか？彼はポプラの木にぶら下がる奇妙な果実《ストレンジ・フルーツ》ではない（そう遠くない過去には、そうなった可能性もあったが）。ソウル・ミュージックの先達であるカーティス・メイフィールドが〈Pusher Man〉で歌っているような「路地裏の黒人」でもない。〈Devil's Pie〉や〈Greatdayindamornin'〉といった楽曲で、ディアンジェロは自身の不安や心の弱さに光を当て、生き延びようと頑張る人々に共感と連帯感を示している。〈Untitled〉のヴィデオに映るディアンジェロは、繊細かつ才能豊かで、世界を憂い、世知に長けた異性愛者の黒人男性だ。悲しいかな、こうした黒人男性は、今も昔も取り上げられることが少ない。

トレニアは、自身の直感に従って正しく行動した。女性（特に黒人女性）は、こうした稲妻に打たれたいと思っている、と彼は考えていたのだ。だからこそ、彼とハンターはヴィデオの中で、ディアンジェロの相手役を演じるモデルや女優を雇わなかったのだろう。共同監督のハンター［ギタリストのチャーリー・ハンターと血縁関係はない］は、「このヴィデオは女性たちのために作った。その女性が誰であろうと、彼が一対一で向き合っている雰囲気を出そうとしたんだ」と語っている。[*6]

初公開からかなりの年月を経ても、女性を陶酔させる〈Untitled〉のヴィデオのパワーは衰えていない。二〇〇九年、一緒に仕事をした映画制作者が、「あのヴィデオ」を見たことがないと言った。その日のうちに、私は彼女のリクエストに応えてYouTubeのリンクを送った。彼女から来た返信の一部を紹介しよう。「これを知らずにこれまで生きていたなんて????　フェイス、ありがとう……本当にありがとう。私は解放された」[*7]

私個人としては、ディアンジェロの商品化に加担したことを認める。私はあのヴィデオが大好きだったし、私が知っている中であのヴィデオを見た女性たちは、人種を問わず、誰もが夢中になった。私はヴィデオまで購入しており(iTunes、ありがとう!)、本書を執筆しているラップトップに保存してある。

ヴィデオはマッチだった。容易に引火する干上がった土地は、(黒人)女性の「渇望」だ。彼女たちは、無条件に愛してくれる魅力的な黒人男性を見たいと切望していた。そして、二十四時間ミュージック・ヴィデオを流すチャンネルは猛烈な風となり、世紀の変わり目のカルチャーの中で、〈Untitled〉が激しく燃える手助けをした。ディアンジェロが女性ファンの理想像となると、嫉妬心から彼を毛嫌いする男性も現れた。

二〇〇〇年の春、私は《Voodoo》の素晴らしさを友人のジョナサンに伝えようとした。すると、異性愛者の黒人男性である彼は、「ディアンジェロとセックスしたいから」アルバムが好きなだけだろう、と電話口で素っ気なく言った。〈Untitled〉のヴィデオが、アルバム全体に対する彼の印象を変えてしまったことは明らかだった。なお、ジョナサンの軽薄な返事に腹を立てた私は、罵り言葉をふんだんに使って十分ほど彼を怒鳴り倒した。

二〇〇〇年、ニューヨーク・タイムズ紙に掲載された〈Untitled〉のヴィデオに関する記事は、自宅でボーイフレンドとヴィデオを見ていた匿名女性の話を伝えている。ボーイフレンドは「カッとなると」、「チャンネルを変えろ——ゲイのヴィデオなんて見たくない」と怒鳴った。[*8] 彼のような男性は、同性愛嫌悪を暴走させた。また、「自己陶酔的」や「ひけらかし」といった言葉が、このヴィデオを形容する際に使われた。しかし、自己陶酔的かどうかは別として、〈Untitled〉のヴィデオはアフリカン・アメリカンの大反響を呼んだ。主に〔男性の〕性的なアイデンティティを脅かすと考えられたために、ヴィデオに対する反応は、アフリカン・アメリカンの男性と女性で真っ二つに分かれた。

男性シンガーやラッパーがシャツを脱ぎ、極めて男性的なポーズや表情をしているヴィデオやプロモーション・アート、アルバム・ジャケットは、これまでも数多く作られてきた。トゥパックが「サグ・ライフ」のタトゥーを見せつける、アイコニックな正面からのショット。血まみれのDMX。50セントのファースト・アルバム《Get Rich or Die Tryin'》とセカンド・アルバム《The Massacre》では、彼の割れた腹筋とチェーンが大々的に写っている。それに私たちは、シャツを脱いだLLクールJを幾度となく目にしてきた。

それでは、胸を露出したディアンジェロだけが特別なのはなぜ？　ひとつに、あのヴィデオは、ディアンジェロが全裸であるかのような錯覚を作り出していることが理由だろう。また、自分を受け入れてほしいと女性に懇願する曲のため、他の男性は蚊帳の外となるシナリオが作り出される。また、異性愛者の男性は、ゲイだと決めつけられることを恐れて、男性の魅力を拒絶するよう社会化されている。そのため、〈Untitled〉の話になると、窮地に追い込まれた気分になる異性愛者の黒人男性もいたことだろう。フッドのニヒリズムを表現するリル・ウェインとは異なり、ディアンジェロの体は、より高尚な目的を持っている。つまり、女性に捧げられている。自信に乏しい未熟な異性愛者の男性にとって、テレビにかじりついているのが妻やガールフレンド、親戚女性だった場合には、ジャック・ニコルソンの台詞がぴったりと当てはまる。つまり、「彼は真実に耐えられない」のだ。

「彼に脅威を感じる理由があるのだと思います」とペリーは言う。「彼はとても繊細で、女性が求める資質のすべてを備えているイメージ。男性は、自分を至らないと感じてしまう。あのヴィデオを見て、感嘆しない方がおかしいでしょう。彼の肌は輝き、カメラはゆっくりと動く。あれは視覚的な御馳走で、それを意図して撮影されているのです」

しかし、女性は50セントにも魅力を感じるのではないだろうか？

「もちろん。でも、弱さをさらけ出しているところが違うのでしょう」とペリーは続ける。「それも［ディアンジェロの］魅力ですが、女性の視線に支配されることも許しています。50セントを見て、素敵だと思う人はいるでしょうが、はっきりしているのは……彼の表情から、女性を支配しようとしていることが分かる点です」

もしくは、誰かを痛めつけようとしているか。

「もしくは、誰かを痛めつけようとしているか。その両方かもしれないけれど！」

とペリーは語っている。

家父長的な社会によって、視線が「男性的」とされ、視線の対象となって見つめる者の妄想を受け入れる者が「女性的」とされているのならば、[*9]〈Untitled〉のヴィデオはこのパラダイムを覆している。あのヴィデオは、ディアンジェロの肉体――コーンロウ、タトゥー、割れた腹筋、ゴールド・チェーンといった「サグ」なステレオタイプと、それに付随する性的なイメージ――を使って、繊細さとロマンティックな繋がりを強く求める気持ちを伝えたのだ。

「あれは人々の考えを変えた。というのも、あんな風にセクシュアリティを表現する異性愛者の黒人男性を誰も見たことがなかったからね」[*10]と、トレニアは自身が考案したコンセプトについて語っている。ヴィデオを「理解できなかった」のは、このサブリミナルなメッセージに挑発され、怒りを覚えた異性愛者の黒人男性だけではない。ジェンダーの立場を逆転させ、超筋肉質な体をよじらせて表現する「女性的な」感情は、多くの視聴者やマスコミの理解を超えていた。

あのヴィデオで、ディアンジェロは「セックス・シンボル」という新たなカテゴリーに入った。エンターテインメント・ウィークリー誌は、「当代随一のセックス・マシーン」と題してディアンジェロを特集すると、聖書にインスパイアされたイメージで、リンゴを食べる彼の写真を掲載した。エッセンス誌、ペーパー誌、ヴァイブ誌をはじめ、彼は次々に雑誌の表紙を飾ったほか、世界屈指の魅力を誇る黒人男性を撮影した写真集『Body and Soul』の表紙にも抜擢された。〈Untitled〉のヴィデオが話題になったことで、ディアンジェロの知名度は上がったが、ヴィデオの人気にはマイナス面もあった。

ヴィデオが注目されすぎたために、ディアンジェロとコラボレーターたちがエレクトリック・レディ・スタジオで生み出した音楽的な実験が、図らずも霞んでしまったのだ。「会話はディアンジェロとその体の話になり、音楽の官能性から、ヴィデオの中の単純なセックス・シンボル的ポーズへと移ると」[*11]、音楽が見過ごされるようになった、とクエストラヴは嘆いている。二〇〇〇年の《Voodoo》ツアーでは、前列の女性たちがステージに下着を投げ込み、さらに多くの観客が「母（とパーソナル・トレーナー）にもらった体」をもっと見せろと叫んだ。「音楽なんて二の次だった」と、ディアンジェロのツアーに参加したロイ・ハーグローヴは語っている。「[観客は]みんな、彼に服を脱いでほしいと思っているだけだった」[*12]

あのヴィデオを発案した敏腕マネージャーすら、後悔の念を口にしている。トレニアは、アルバムの本質を定義するために、あのヴィデオを作ったわけではなかった。「ヴィデオが大評判になったのは嬉しいけれど、［ディアンジェロも］私もがっかりした。今に至るまで、彼に対する一般のイメージは『あの裸の男』だからね」[*13]
「あれは祝福であると同時に、呪いでもあった」とアラン・リーズは私に語った。リーズは二〇〇〇年、ディアンジェロのツアー・マネージャーを務めており、彼の苦悩を目の当たりにしていた。リーズは当時を振り返り、〈Untitled〉のヴィデオは、ビジネス的にはマイナスではなかったと思う、と語っている。

明らかに、プロジェクトは成功した。アルバムの宣伝になったし、コンサート・チケットの売上にも貢献した。つまるところ、マネジメントとして私たちが求められているのは、ファンとセールスを増やす方法を考え出すことだ。［それに］女性たちは今でも、あのヴィデオについて話している。

ただし、自分とトレニアが、性的対象としてディアンジェロを扱うファンの行き過ぎた反応を懸念しておらず、激しい凝視からディアンジェロを守ることができなかった、とリーズは認めている。「［当時の］私はおそらく、『彼は男だ。注目を浴びて喜ぶだろう』なんて言っていただろう」

「振り返ってみると、アイディア自体は間違っていなかったと思う」とリーズは続ける。「失敗したのは、次に何が起こるか彼に心の準備をさせず、女性からの注目をいかに消化して対処するかの計画を持たずに、ただ彼に体験させてしまったことだ。我々がきちんと管理して、コントロールすべきだった」

〈Untitled〉のヴィデオが人気を博し、それに伴い露骨なまでに性的対象とされたことが、《Voodoo》後にディアンジェロが陥った負のスパイラルを助長した。彼はすっかり自信を失うと、コンサートのあとに物を壊すこともあれば、ショウよりも彼の体を見たいと騒ぐファンに怒りをぶつけるなど、時に暴力的な気性を見せるまでになった。彼はミュージシャンの選定からセット・デザインに至るまで、あらゆるディテールに関わり、細心の注意を払ってショウをまとめ上げていた。

ファンからの激しい要求に晒《さら》されることで、ディアンジェロはますます「ヴィデオのような体でなければ、自分には何か不備があり、ステージに上がることができないと、追い詰められた気分になっていた」と、リーズは説明してくれた。そして彼は、今日に至るまでこれに葛藤しているという。もしあのヴィデオがなければ、彼はそこまで気にしていただろうか？　そう考えずにはいられない。

「もし私がDの精神科医だったら、『あのヴィデオは』まずかった、と言うだろうね」とリーズは認めている。

《Voodoo》ツアーが終わると、ディアンジェロは新たな音楽をレコーディングする計画を放棄し、リッチモンドに帰った。しかしすぐに、有名人になった自分は元の生活には戻れないと気づき、アルコールと薬物の乱用に陥った。二〇一二年のGQ誌によるインタヴューで、ディアンジェロはこう語っている。「地元に戻っても、素の自分でいるのは難しかった。俺が多くのトラブルに巻き込まれたのは、これが原因だと思う。俺は昔のままのマイケルでいようとしていて、セックス・シンボルのイメージと闘っていたんだ」[*14]

かつてのメンター、ビル・マッギーも同じ意見だ。「セックス・シンボルのイメージが、彼を肥溜めに引きずり込んだのだと思う」

聖書の黙示録には、天上での戦いで、大天使ミカエルが「サタンとして知られる蛇」

を倒す記述がある。蛇とその天使たちは地上に堕ち、そこで悪行を続ける。神を信じなくても、このたとえ話の皮肉は理解できるだろう。牧師の祖父と父を持ち、信仰を持たない者たちからは「この世のものとは思えない」と形容され、信仰を持つ者たちからは「神からの贈り物」と目される才能に恵まれた男。しかし、名前は似ていても、その男は天使ではない。マイケル・アーチャーは私たち同様に、痛み、悲しみ、怒り、孤独を感じる人間である。そして彼は、ドラッグやアルコールを使ってその激しい感情を隠し、抑圧しようとしていた。

《Voodoo》のリリースから十年のあいだ、彼が選んだディアンジェロという芸名は、劇場の看板や授賞式ではなく、犯罪記録簿に登場していた。マイケルは自ら悪魔と戦い、敗北したのだ——彼は蛇のように降下し、真っ逆さまに堕ちていった。

《Voodoo》のリリースから二年後の二〇〇二年、ディアンジェロはヴァージニア州チェスターフィールドで警察に拘束され、暴行、無謀運転、治安紊乱《ちあんびんらん》行為、その他の軽犯罪で起訴された。彼は運転していたSUVで、女性の車の前に割り込んだあと、ガソリンスタンドで彼女を罵倒し、唾を吐いたとされている。ディアンジェロは当初、逮捕に抵抗したため、ペッパースプレーを使って制圧されたという。

二〇〇五年一月、ディアンジェロは飲酒および麻薬の影響下の運転、マリファナ所持、銃器所持等の容疑によって、リッチモンドで再び逮捕された。ディアンジェロの顔写真がメディアを駆け巡ったが、その顔は無精髭でだらしなく浮腫《むく》み、わずか数年前にテレビを飾っていた美しい面影はなかった。心理学的な観点から見ると、ディアンジェロの体重増加と薬物乱用は、感情的なトラウマへの反応として読み取ることができるだろう。〈Untitled〉のヴィデオから受けた影響に加えて、二〇〇一年には親しい友人だったMTVの重役、フレッド・ジョーダンが自殺で死亡した。その翌年には、ディアンジェロ最愛の祖母、ミス・アルバータも逝去した。

見方を変えてみれば、ディアンジェロは有害な行動を取ることで、自分の創造性を見くびり、数分のヴィデオを根拠に三年以上かけた労作を蔑ろにしていたすべての人々に対して、中指を立てていたのかもしれない。

二〇〇五年九月、ディアンジェロはヴァージニア州の法廷に戻ると、コカイン所持の容疑に不抗争の答弁をし、三年間の執行猶予つき判決を受けた。司法取引の一週間後、酩酊したディアンジェロはリッチモンド郊外のパウハタン郡で、道路を外れてフェンスに衝突。車が横転した勢いで、彼は同乗者と一緒に車から投げ出された。この事故で、彼は重傷を負った。「［ディアンジェロは］病院から私に電話してきて、私は彼を気の毒に思った」とかつての恋人、ジーナ・フィゲロアは語っている。「怖かったし、イライラした。私には、何が起こっているのか分からなかった」。事故から二年後、ディアンジェロは免停中の運転と、飲酒および麻薬の影響下での運転という罪状を認めた。こうして彼は、二〇〇五年の交通事故で罰金を科され、執行猶予つきの判決を受けた。

彼は薬物のリハビリ施設に三回入所している。二〇一〇年には、売春婦を装ったニューヨークの覆面捜査官に声をかけ、治安紊乱行為で逮捕されると、二〇一一年に罪状を認めた。

ディアンジェロは我々のイカロスとなった。彼の欠点は、傲慢さではなく、名声とセクシュアルなイメージが持つパワーを知らなかったところにある。女性から性的な対象にされることを気にしていなかった、と彼は語っているが、一般に女性の方が男性よりも行儀が良いと思っていたのかもしれない。*15

彼の転落は早く、見るも痛々しかった。〈Untitled〉のヴィデオを見たわずか数週間後、イマニ・ペリー教授が本能的に感じた不安は、まさに未来を予見していたというわけだ。

二〇〇五年、交通事故のニュースを聞いた時、私はディアンジェロがどん底に落ちたと思った。私は、もう一人の若く類まれなストーリーテラーを思い出した。彼も音楽業界と自身の成功に傷つき、圧倒された人物だ。薬物をやっても、彼の悪魔を満足させることはできなかった。

カート・コバーンが自ら命を絶って十年以上が経っていたが、私はまだ彼の死を悼んでいた。ディアンジェロもそのうち彼と同じ道を辿るかもしれないなんて、耐えられなかった。二度とレコーディングをしないならば、彼には健康で幸せな暮らしをしてほしかった。彼自身と、彼の子どもたちのためにも。ディアンジェロには、生きていてほしかったのだ。

ディアンジェロの暗黒時代を率直に評価すると、ひとつの明確な真実が照らし出される。ディアンジェロが長期の投獄を免れ、名誉を挽回するチャンスを幾度も与えられたという事実は、たとえそれが黒人であっても、名声、富、並外れた才能を持つ者に多くの人々が抱く畏敬の念が、どれほどの力を持つかを示している。O・J・シンプソンに関するクリス・ロックの古いジョークを言い換えれば、「リッチモンドのサウス・サイド出身で薬物依存症のバス運転手、マイケル」が同じ罪で起訴されていたら、今頃は刑務所に入っているか、もっと酷い状況に陥っているだろう。〈Untitled〉のヴィデオをどう感じているかについて、ディアンジェロは相反する回答をしてきた。ある時には、（やり直せるとしても）また同じことをやると話している。[*16] 二〇一五年にトーク番組のホスト、タヴィス・スマイリーが行なったインタヴューでは、ヴィデオに対して自身が抱いたとされる不快感が「あまりにも大げさ」に取り沙汰されていると語ったが、《Voodoo》ツアー中には自分が「モノ扱いされている」と感じた、とも言い添えている。ステージ上で服を脱ぐ自分の姿を見ようと金切り声を上げる女性たちがいることで、「男性ストリッパー」のような気分になったという。[*17]

ところで彼は、映画『マジック・マイクXXL』のプロデューサーに楽曲使用の許可を与えていた。これをどう正当化するのだろうか？　同映画の公開から二カ月後、ディアンジェロはストリッパー扱いされることに対する嫌悪感を語った。しかし劇中で、俳優のマット・ボマーは、悲鳴を上げる女性たちに見つめられながら、〈Untitled〉を歌っている……ストリップしながら。不満を漏らしながら、小切手を受け取っているとは、偽善的である。

天才ミュージシャンの名を欲しいままにするマイケル・アーチャーは、『スター・

ウォーズ』とヴィデオゲームを愛する内気なオタクでもある。「セックス・シンボル」というイメージは彼の重荷となり、彼は自身の音楽と誠実さが伝わらなくなる恐れを感じた。彼がやりたかったのは、人の心を動かす、素晴らしい音楽を作ること。《Voodoo》の場合は、難解な音楽を作ることだけだった。しかし大衆は、一曲のミュージック・ヴィデオを見て、他の曲を聴く耳を持たなくなってしまった。これは何年にもわたってディアンジェロを苦しめた出来事だった。そしてようやく最近（スマイリーに対する彼のコメントが本音であれば）、折り合いをつけることができるようになった出来事でもあった。

ディアンジェロはもう、当時の引き締まった肉体を持ってはいない。しかし、彼が中年太りのミュージシャンになることで、音楽がきちんと聴かれるようになるのならば、彼にとっても、彼を心から大切に思う人々にとっても、それは本望だろう。

CHAP 07

第七章

良作は口に苦し

《Voodoo》の評価をめぐって

RADIO SILENCE

ヴァージン・レコードの準備はできていた。ずっと準備はできていた。同レーベルの重役たちは、ディアンジェロの名盤が空から降ってくるのをずっと待っていた。「レーベルの立場からすると、アルバムが欲しかった。すぐにでもアルバムが欲しかった」と、ヴァージン・レコードのアーバン・ミュージック部門長だったジェイソン・ジャクソンは語っている。[*1] 彼らは業を煮やし、ディアンジェロがアルバムを仕上げるよう、ラッセル・エレヴァドに頼りはじめたという。「［ヴァージンの］誰もディアンジェロにプレッシャーをかけることはできなかった。だから、レーベルは僕のところに来て、ディアンジェロにプレッシャーをかけてくれって、僕にプレッシャーをかけたんだ」とラッセル・エレヴァドは語っている。[*2]

レコーディングされた五十曲は、十三曲に絞られた。三年にわたるレコーディング、ジャム・セッション、気の置けない仲間との試行錯誤を経て、何度となく締め切りを逃し、百五十万ドル以上を費やしたのち、[*3]《Voodoo》は二〇〇〇年一月二十五日に華々しくリリースされた。ビルボード誌のアルバム・チャートでは初登場一位を記録し、名盤の誉れ高い一枚となった。USAトゥデイ紙のスティーヴ・ジョーンズは四つ星を与え、ロサンゼルス・タイムズ紙のロバート・ヒルバーンは、ディアンジェロの「複雑で満足感のある作品」を高く評価すると、彼を「ニュー・キング・オブ・ソウル」と称した。[*4] シカゴ・サンタイムズ紙のジム・デロガティスは、「レコード史において、最も複雑かつ多層的で、この世のものとは思えないほどの作品のひとつ。《There's a Riot Goin' On》や《What's Going On》といった名盤と並ぶ一枚になるだろう」と褒め称えた。[*5]

シカゴ・リーダー紙のピーター・マルガサックとシカゴ・トリビューン紙のグレッグ・コットは、二〇〇〇年のベスト・アルバムに《Voodoo》を選出した。ニューヨーク・タイムズ紙でポップ・ミュージックの主席評論家を務めるジョン・パレレスも、同紙の音楽ライター三人とともに、年末の総決算で《Voodoo》を絶賛した（ニューヨーク・タイムズ紙のジャズ評論家、ベン・ラトクリフですら、《Voodoo》を年間第二位のアルバムに選んだ）。

しかし、評論家の称賛を浴びても、シングルは振るわなかった。〈Devil's Pie〉は、映画『ベリー』に収録されたが、不発に終わった。二枚目のシングル〈Left & Right〉は、R&B／ヒップホップ・チャートでは第九位に入るヒットとなったが、ポップ・チャートでは〈Devil's Pie〉と同じ運命を辿った。同曲のミュージック・ヴィデオは、〈Untitled

〈How Does It Feel〉よりも遥かに猥雑で男性目線だったが、楽曲の売上を伸ばすことはできなかった。ヴィデオの放映回数が少なかったことも、同曲の売上が低迷した原因のひとつである。

アルバムからの四枚目のシングル〈Send It On〉は、地味に売れたものの、ヒットには至らなかった。五枚目のシングル〈Feel Like Makin' Love〉のリメイクも、リリース後すぐに勢いを失った。サード・シングルの〈Untitled（How Does It Feel）〉だけがシングル・チャートを賑わし、米国ではビルボード誌R&B／ヒップホップ・チャート第二位、ホット100（ポップ・チャート）では二十五位を記録した。

ヘヴィー・ローテーションに入れる聴きやすいヒット曲を探すラジオ・プログラマーにとって、《Voodoo》はあまりに濃厚で複雑だった。「《Voodoo》の中には、ラジオ向けのシングル曲があまりないと思った」と、シリウスXMのディオン・サマーズは語っている。「耳に残るような曲はないと思った」。彼はアルバムについて、《Brown Sugar》に比べて「メインストリームよりも先鋭的」と形容しており、「［ディアンジェロにとって］メインストリームで成功することは、重要ではない」ことが明らかに分かった、と述べている。サマーズは正しかった。ディアンジェロは、売上や業界の常識など一切気にしていなかったと公言している。「俺の目的は、芸術を作ること」とディアンジェロはタヴィス・スマイリーに語っている。「俺は［聖霊のメッセージを］伝えたいだけなんだ[*6]」

ディアンジェロと仲間たちは《Voodoo》に心血を注ぎ、リスナーにも注意深く作品を聴くことを求めた。彼は、他のR&Bアーティストが進んでいる道から逸れたことで、彼らを一気に追い抜いた。《Voodoo》の収録曲は、マックスウェルのようにゆったりと心地良く優美に流れるものでもなければ、ドネル・ジョーンズのようにキャッチーでシンプルなものでもない。ボーイズ・II・メン、ドゥルー・ヒル、ジョデシのハーモニーは、一九九〇年代のラジオに溢れていたが、《Voodoo》は人々の魂を喜ばす栄養というよりも、腹にたまる重厚な音楽だった。R・ケリーは、若い女性に対する性的搾取および虐待の告発が増えていたにもかかわらず、性と聖を交えたラジオ向け音楽の中心的人物だった。ディアンジェロとスタイル的に比較されていた同世代の男性アーティストには、ビラルやラサーン・パターソンがいたが、商業的には大成功していないため、文化的な影響力も限られていた。「ネオソウル」の同胞とされるミュージック・ソウルチャイルドは、売上やラジオのエアプレイではより大きな成功を収めたものの、批評家からの評価ではディアンジェロに及ばなかった。
一部の人々には散漫で規律がないと考えられていた作品は、今という瞬間を大切にし、ディアンジェロと仲間たちをインスパイアしたR&B、ジャズ、ヒップホップのパイオニアのスピリットを受け入れるという、意図的な試みだった。前作を踏襲した音楽を期待していたディアンジェロ・ファンは、運が悪かった。なぜなら、ディアンジェロは前に進もうと固く決意していたからだ。「型にはめられたり、カテゴリーに閉じ込められたくないんだ」とディアンジェロは語っている。行きたいところに行けるようになりたい。それがこのアルバムのテーマなんだ」[*7]
若いレコーディング・アーティスト（また、時代について行かなければとプレッシャーを感じている年配のアーティスト）にとって、前進とは最先端のテクノロジーの活用を意味することが多い。現代音楽は、プロツールスやオートチューン、高性能のシンセサイザー、シーケンサー、さらにはサンプリングの多用に至るまで、テクノロジーに支配されている。楽譜を読めなくても、楽器を演奏できなくても、クリエイターは楽曲を「書く」ことができる。エレクトロニック・ミュージックの領域で活動するＤＪやミュージシャンにとって、より多くの技術的なツールを駆使できるほど、素晴らしい音楽が生まれる可能性が高まる。ディアンジェロも、音楽制作にテクノロジーを取り入れてはいるが、リアルな音楽性を保てるよう、バランスに気を配っている。

アナログでやっているのと同じことを伝えるために、テクノロジーを使っているのなら、それはいいんじゃないかな。何の問題もないと思う……それ（テクノロジー）で何か新しいことをやっている限りはね。*8

《Voodoo》は、世界一流のアーティストが集まり、メジャー・レーベルの財政的な支援（と半強制的に課された忍耐力）を受けて制作された。自費で活動しているインディペンデント・アーティストは、たとえ一人で音楽制作を手がけていても、現代のテクノロジーのおかげで、手頃なツールを手に入れることができる。ただし、手軽に入手できるツールは、音楽制作に必要な知識のハードルを下げ、音楽の本質を空洞化させる可能性があるため、独創性よりも模倣に近くなるというのが難点だ。ピッツバーグを拠点とするＤＪ／ＥＤＭアーティスト、ショーン・ラディマンの言葉を引用しよう。

どういうわけか、機械が何らかの形で、創造性や欲望、意欲や才能に取って代わることができるという未熟な考えがあるようだ……僕たちが現時点でできることは、自分の至らなさを認めて、ミュージシャンとしての腕を上げることだと思う。新しい楽器の達人にならなくちゃいけない。ジュークボックスや再生機みたいに、過去の音楽を演奏していちゃダメなんだ。[*9]

ハイエンドなオーディオ・エンジニアリングを抜きにしても、《Voodoo》に携わった職人気質のミュージシャンが作り出した音楽は、ディアンジェロをはじめクエストラヴ、アンジー・ストーン、エレヴァドなどが生来備えていた先見性、好奇心、パフォーマンス能力がなければ、実現しがたいものだ。《Voodoo》は、その存在自体がR&Bに対する攻撃だった。当時のR&Bは、クエストラヴ曰く、洗練されたプロダクションに頼りすぎており、「あまりに慢心し、同じことを繰り返していた[*10]」

《Voodoo》は、ビルボードのアルバム・チャートに三十三週のあいだ留まり、全米で百七十万枚以上のセールスを記録した。二〇〇一年、《Voodoo》は最優秀R&Bアルバム部門でグラミー賞を獲得し、同賞はディアンジェロとラッセル・エレヴァドに授与された。また、ディアンジェロは〈Untitled (How Does It Feel)〉によって、最優秀男性R&Bヴォーカル・パフォーマンス部門で二つ目のグラミー賞を受賞。この件について、私の個人的な（苦々しい、とも言う）意見を述べると、《Voodoo》は、年間最優秀アルバムにノミネートされるべきだったし、同部門でグラミー賞を獲得すべきだった。スティーリー・ダン（ウォルター・ベッカーよ、安らかに眠れ）は大好きだが、真面目な話、最優秀アルバムが《Two Against Nature》って、さすがにそれはないだろう。

グラミー賞の冷遇はともかく、《Voodoo》は後発のファンも取り込み、世に認められた。二〇〇〇年のリリース時にアルバムを「理解」できなかった人々も、ようやくあのサウンドに追いついた。《Voodoo》は大衆には難解すぎた、とクエストラヴは当時を振り返って語っている。彼の言葉を借りれば、アルバムは「口に苦い良薬」だった。「アルバムがリリースされた時、『わあ、LSDでトリップしてるみたいな音だな。何やってんだよ？』なんて言う人が多かった」[*11]。今や《Voodoo》は、パーティの音楽談義で名前を挙げると、一目置かれるアルバムになった。これに伴い、過去を修正する者たちも現れている。ある著名な音楽誌は、《Voodoo》に関する評価をあからさまに変えている。二〇〇〇年二月、ローリング・ストーン誌は五つ星のうち三つというあまり芳しくない評価を下した。同アルバムを批評したジェイムズ・ハンターは、こう記している。「問題は、《Voodoo》があまりに緩く未完成で、〔耳に残らず〕雲の中に消えていってしまうことだ」。彼はさらに、「〔《Voodoo》の〕大半は焦点が定まらず、吸収しづらい」と書いている。[*12]

しかしローリング・ストーン誌は、熱意に欠けたレヴューを一変させると、同誌年末のベスト・アルバム・リストで《Voodoo》を第四位に選出し、数年後にはこう結論を出した。「この十年で最も壮大なR&Bアルバムは、最も独創的な作品でもある——あまりに時代を先取りしているため、いまだ急進的に聞こえる」[*13]

二〇〇〇年、《Voodoo》が好きでたまらない私を叱責した友人のジョナサンでさえ、ようやく真理を理解した。彼は数年後、私が《Voodoo》に激しく心を動かされているのは、ディアンジェロと〈Untitled〉のヴィデオに欲情したからだ、と見下すような態度で言ったことを謝罪した。本書のためにコメントが欲しいとジョナサンに連絡すると、彼からこんな返信が届いた。「ちょうど数週間前に［《Voodoo》を］聴き直して、『フェイスは正しかった。百パーセント正しかった。時代を遥かに先取りしている』と思った[*14]」

《Voodoo》はもはや、ミュージシャンや評論家、最初から真価を理解していたリスナーだけに受ける「カルト」的な傑作ではない。とはいえ、時が経ってもなお、《Voodoo》をカセット・テープにコピーして、私に聴かせてくれた友人、ミシェルの考えを変えることはできなかった。二〇一六年に私が送ったEメールの返信で、彼女はいまだ#TeamBrownSugar であることを私に教えてくれた。

エピローグ
――黒い救世主《ブラック・メサイア》の降臨と、果たせなかった「聖なる三位一体」の夢

時代の先を行くアーティストなどいない。アーティストは時代である。他の人が遅れているだけなのだ――マーサ・グレアム

《Voodoo》のリリース以来、シリコンヴァレーがきっかけとなり、音楽業界自体が激変せざるを得なくなった。今のところ、YouTubeが現代のMTVで、MTV自体はミュージック・ヴィデオをまったく放映しなくなった。米国で聴取者が最も多いのは相変わらずラジオだが、ミュージシャンはスポティファイのようなストリーミング・サービスや、パンドラといったインターネット・ラジオを通じて、若年層の聴衆に幅

広くアプローチしている。レコード・レーベルは大規模なコングロマリットに吸収されるか、完全に閉鎖された。

企業と株主の収益拡大を図るために「水平統合」[*1]が必要とされ、これに米国での独占禁止法の緩さも相まって、レコード会社は現在、ソニー・ミュージック、ワーナー・ミュージック・グループ、ユニヴァーサル・ミュージック・グループの三社のみが残り、「ビッグ・スリー」と呼ばれている。

なお、私たちが聴いている音楽の八十パーセントは、このコングロマリット三社が管理している。

今やミュージック・ビジネスの「ビジネス」の側面は、映画や新聞などの他メディアと同じように、より大きな投資利益率を求められている。デジタル・ミュージックはコンパクト・ディスクを「ニッチ」なレヴェルまで縮小させた。CDはアナログ・レコードのセールスをわずかに上回るだけで、多くの実店舗が閉店に追いやられた。かつてはレコード会社の稼ぎ頭だったCDの販売による収益は、もはや消滅した。二〇一七年、スポティファイ、アマゾン・ミュージック、アップル・ミュージックなどのデジタル・ストリーミング事業体が得た収益は、世界全体でフィジカル・ミュージック（CDを含む）の売上を上回った。[*2] その前年、米国では史上初めてストリーミング（レーベルやアーティストの収入は、一ドルの収益に対して数セントと大幅に減少）が、デジタル・ミュージックの売上を上回った。[*3]

レコード会社は、レーベルに富をもたらすスーパースターを例外として、アーティストに割り当てる制作費とマーケティング費を削減しており、ドミノ効果が起こっている。当面のあいだ、ビヨンセ、アデル、テイラー・スウィフトは、それぞれのレーベルから好きなだけ資金を得ることができるだろう。しかし、新人や中堅アーティストは、これまでよりも少ない資金と乏しいレーベルからの支援をやりくりしながら、制作側の参入障壁が低くなったことで増えた同業者たちと、リスナー獲得をめぐってより激しい競争を強いられることになる。

「アーティストになるのは、今が最も簡単かつ、最も難しい時代だ」とディオン・サマーズは語っている。「作品を発表するのは昔より簡単になったけれど、誰もが自分の作品を発表しているからね」

三年以上の制作期間と、推定で約百五十万ドル（二〇一九年のインフレ計算では二百二十六万ドル）の制作費をかけた《Voodoo》が、今の時代にリリースされた場合、スーパースターではないアーティストのセカンド・アルバムとして成功しただろうか？　ディアンジェロが《Voodoo》を制作したのは二十代前半から半ばだが、同年代のシンガーは現在、ここまでの業績を上げるためのツールとサポートを得ることができるだろうか？　イマニ・ペリー教授は言う。

大げさかもしれませんが、興味を持つレコード会社はないと思います。キャッチーでごくシンプルなアンセムに、高い関心が集まっているような気がします。本物の作曲とは対照的な、ごく簡単なリフレインの入った、みんなに覚えやすい曲。[《Voodoo》のような]プロジェクトへの投資は考えにくい。インディペンデント・アーティストが、あのアルバムをどうやって作るか？　難しいでしょうね。

一九九〇年代後半から二〇〇〇年代前半にかけて、エレクトリック・レディ・スタジオから生まれたのは《Voodoo》だけではない。自分たちが愛する音楽以上のものを求める職人たちは、非公式な集合体《コレクティヴ》を結成した。ヴィレッジの西八丁目にあるスタジオは、夏のミュージック・キャンプやハウス・パーティの役割を果たしながら、型に囚われない音楽を生み出すことに専心するソウルとヒップホップ・アーティストの培養場となった。《Voodoo》の参加ミュージシャンの多くは、スタジオ内の部屋を次々にはしごすると、演奏し、曲を書き、他のアーティストの仕事ぶりを見学した。エリカ・バドゥは《Mama's Gun》、コモンは《Like Water for Chocolate》と《Electric Circus》、フィラデルフィア生まれのシンガー、ビラルはデビュー作の《1st Born Second》、ザ・ルーツは《Things Fall Apart》を制作し、スタジオの恵みは豊かだった。運命の巡りあわせか、主要ミュージシャンの五人は、同じ星座の生まれであることに気づいた。ディアンジェロ、クエストラヴ、ジェイムズ・ポイザー、J・ディラ、そしてその後ソウルトロニックスのギタリストとなるジェフ・リー・ジョンソンは、ソウルクエリアンズと名乗ると、わずかな差でうお座となったバドゥとコモンを「名誉」メンバーに招いた。さらに、ロイ・ハーグローヴ、ピノ・パラディーノ、Qティップ、ブラック・スターのモス・デフ（現在のヤシーン・ベイ）とタリブ・クウェリも「ソウルクエリアンズ」に加えられた。「魔法のような時間だった」とエレヴァドは語っており、[*4] そこにいた誰もが同じ気持ちだった。エレヴァドは《Things Fall Apart》を除く前述のアルバムすべてのミックスを担当した。

ソウルクエリアンズは当時、大衆消費のためでなく、まずは自分たちのために音楽を作る黒人アーティストにとって、品質保証のシールのような存在となった。彼らはまた、「ネオソウル」の啓蒙家でもあったが、彼らの音楽を形容するこのジャンルについて、現在ではほぼすべてのアーティストがこの名称を却下している。ディアンジェロは、自身の元マネージャー、キダー・マッセンバーグが生み出したマーケティング用語の無用さについて語っている。

その言葉は尊重する。でもひとつ言いたいのは、何かに名前を付けるたびに、枠に入れられるってことだ……アーティストとしては、成長できる立場でいたい。「おい、《Brown Sugar》でやっていたこと、やっていないじゃないか」なんて言われたくない……俺はネオソウルをやっているなんて、言ったことはないし。俺はブラック・ミュージックを作っているんだ。[*5]

業界が変貌し、嗜好も変化し、予算も縮小していくにつれ、極めて高い創造性を実現する困難は増すばかりだ。ソウルクエリアンズの絆は弱まっていった。メンバーが年を重ねていく中で、これは避けられなかったことだろう。また、二〇〇〇年のヴァイブ誌に折り込みまれた表紙裏がきっかけで、グループ内の数人が、大物スターに比べて自分の扱いが悪いと感じ、エゴを傷つけられたことも、絆が弱まった原因だ。現在、ソウルクエリアンズという名前は、集合体というよりも、全盛期の思い出となっている。

トラップ・ミュージックは、R&Bとヒップホップの双方を形成する絶大な影響力を誇るようになった。曲作りではサンプリングが当たり前になり、トラックやループに合わせて歌うシンガーも増えた。善かれ悪しかれ、この傾向がディアンジェロのようなアーティストに対する期待をさらに高めることとなった。クエストラヴのような親しい友人ですら、彼に期待を寄せた。「あいつに言ったんだ。お前は、音楽ファンが吸う酸素の供給源を握ってるんだぞって……Dが歌い出せば、世界はすべてうまく行くんだ[*6]」

《Voodoo》をリリースし、二〇〇〇年の《Voodoo》ツアーを行なったあと、ディアンジェロはスポットライトから離れ、故郷リッチモンドに戻った。年を追うごとに、ファンのあいだでディアンジェロの神秘性は高まった。彼の不在中（警察沙汰の報道はあったが）には、ニュー・アルバムを求める声が高まり、新世紀の『ウォーリーをさがせ！』として、彼をウォーリーに喩えた記事が出回るほどだった。二〇〇五年には、シンガー／ギタリストのジョン・メイヤーも、公開書簡を執筆した。ディアンジェロが薬物で逮捕され、ヴァージニア州で交通事故を起こした年だ。《Voodoo》が「『僕の』人生を永遠に変えた数少ない名盤」[*7]（ジョン、私も同じ気持ちです）となった今、自主的な休業を終えてほしい、とメイヤーは懇願した。

十年以上にわたり、ディアンジェロが仲間の楽曲にゲスト参加するたび、彼の友人や仕事仲間経由で、オリジナル・スタジオ・アルバムの噂が囁かれていた。クエストラヴは、大衆の飢えを和らげようと、二〇〇七年にリークされた楽曲の一部をオーストラリアのラジオ局で流した。しかし、昔から「どんな善行も罰を受ける」と言われているとおり、このリークがディアンジェロを怒らせ、二人の親密な関係にひびが入ったと言われている（その後、二人は和解した）。

逮捕、交通事故、薬物依存のリハビリを経て、二〇一〇年には第三子が誕生。新たなレコード・レーベルとも契約を果たしたディアンジェロは、感謝と歓迎の気持ちに溢れるファンを前に、ライヴ復帰した。二〇一二年のヨーロッパ・ミニ・ツアーで、彼はPファンク、ビートルズ、オハイオ・プレイヤーズ、（もちろん）プリンスの楽曲や、ジミ・ヘンドリックスとともにエレヴァドに勧められた革命的アーティスト、デヴィッド・ボウイの〈Space Oddity〉をカヴァーし、メディアの注目を浴びた。また同年、彼はテネシー州のボナルー・フェスティヴァルにも出演し、その直後には米国とヨーロッパでメアリー・J・ブライジとのジョイント・ツアーを行なった。二〇一三年には、クエストラヴとの《Brothers in Arms》ツアーに乗り出すと、小さく親密な会場に詰めかけた熱狂的な観客に向けて、カヴァーや初期の楽曲を演奏し、好評を博した。さらに翌年には、ブルックリンのアフロパンク・ミュージック・フェスティヴァルにも出演し、カムバック・アルバムの期待を煽《あお》った。

そしてとうとう、二〇一四年十二月十五日の深夜零時、ディアンジェロの音楽的遺産となる新作品が発表された――三枚目のスタジオ・アルバム《Black Messiah》だ。十五年近く待ち続けたファンや評論家のあいだで広く歓喜の声が上がり、アルバムのタイトルは皮肉というよりも、予言に聞こえるほどだった。ライナーノートを読むと、ディアンジェロとライターのネルソン・ジョージは、タイトルの意味を勘違いするファンがいるかもしれないと予想していたようだ。

俺が「黒い救世主《ブラック・メサイア》」を自称していると早とちりする人たちもいるだろう。俺にとって、このタイトルは俺たち全員のことを意味している……一人のカリスマ的リーダーを称賛するのではなく、何千ものリーダーを讃えるものなんだ。[*8]

カルチャー・ライターのサーシャ・フリーア＝ジョーンズは、この考えを即座に却下し、ディアンジェロはソウルの救世主たる冠を被るべきだと主張した。「アルバムで音程が外れている唯一の箇所は、この自己卑下だ……ポップ・スターには、傲慢さが似合う。特に社会が分断している時代には、彼らの自信に満ちた振る舞いが、私たちの自信を後押ししてくれる。ディアンジェロには、自画自賛する資格があるのだ」。[*9]マイケル・ユージン・アーチャーは「プレイヤー・ナンバー・ワン」だと信じるフリーア＝ジョーンズの心には、一点の曇りもない。

《Black Messiah》では、《Voodoo》に参加したクルーの大半が再結集した。クエストラヴ、ハーグローヴ、パラディーノ、アルフォード、サウンド・エンジニアのエレヴァド（アシスタント・エンジニアのベン・ケインの手も借りた）は、《Voodoo》と同じ質感の音楽を作り上げた。Dとエレヴァドがこだわる生々しく雑然としたサウンドは、今回もアナログ・テープにレコーディングされた。ディアンジェロはライヴでギターを弾く機会が増えていたこともあり、オルガンよりもギターに影響を受けた曲も見受けられた。なお、クエストラヴがリークし、二人の友情を危うくした楽曲は、アルバムからのファースト・シングルとなった。五曲目の〈Really Love〉がそれである。フラメンコ調の同曲は、グラミー賞を獲得した。

〈Really Love〉のイントロで官能的に囁いているのは、〈Spanish Joint〉をインスパイアし、〈The Root〉の歌詞のモデルとなった女性である。ディアンジェロの元恋人、ジーナ・フィゲロアが戻って来たのだ。ディアンジェロは、二〇〇〇年代半ばに初期ヴァージョンをフィゲロアに聴かせた。おそらく、クエストラヴがリークしたものに近いヴァージョンだ。それから時を経て、ディアンジェロはスポークン・ワードのイントロを加えてほしいと彼女に依頼した。フィゲロアはディアンジェロのリクエストに応えると、彼の立ちあいのもと、スペイン語でパフォーマンスを行い、破滅に終わった二人のロマンスの不安定さと情熱を伝えた。彼女がきっかけで生まれた《Voodoo》収録の楽曲と似た内容だ。彼女のパートは、ディアンジェロが非常に支配的で、フィゲロアは彼の嫉妬心から逃れたことを暗示している。フィゲロアは、アルバムがリリースされて曲を聴くまで、自分のパートが最終ヴァージョンに残っているか分からなかったという。

フィゲロアは、かつての恋人とはもう連絡を取っていないと私に語った。しかし、まだディアンジェロを愛しているかという問いには、はっきりと答えた。「ずっと愛している。彼は家族のようなものだから」

《Black Messiah》には、ディアンジェロの音楽的・人間的な成長が表れていた。当時四十歳だったディアンジェロは、より政治的な表現に足を踏み入れた。空中に突き上げられた黒い拳を写し出すCDジャケットは、アフロパンクのコンサート中に観客を撮影した一枚だ（撮影日時は不明）。また、〈The Charade〉のような楽曲は、ミズーリ州ファーガソンでマイケル・ブラウンが警官に殺された事件や、フロリダ州サンフォードで十七歳のトレイヴォン・マーティンを射殺した自警団員ジョージ・ジマーマンの無罪判決に対する怒りにインスパイアされている。また、〈Back to the Future（Part I）〉では、セックス・シンボル（でいつもハイだった）過去の人生を自ら皮肉っている。そして二十年前のデビュー時から変わらず、ディアンジェロは音楽至上主義を望んでいる。

《Black Messiah》がリリースされた時、友人のジョナサンが最初に電話をかけた相手は、この私だった。《Voodoo》リリース時の発言を反省していた彼は、二〇〇〇年に発したコメントに対して再び後悔の念を述べた。この頃までに、彼はディアンジェロが《Voodoo》で築いた橋を渡り切り、ニュー・アルバムにしっかりと共感していた。

《Voodoo》のリリース後、ディアンジェロの「副操縦士」だったドラマーもスターとなった。「クエストラヴ」はニックネームからブランドへと進化し、アミア・トンプソンは著述家、起業家、トレンドセッターとなった。パーカーと、櫛を差したアフロヘアという彼の非公式なトレードマークは、世界中で認知されている。盟友が《Black Messiah》で表舞台に復帰したのと同じ年に、長年地道に活動してきたクエストラヴのバンドは、飛躍的に知名度を上げた。批評家から高い評価を受けながらも、数十年にわたり大きな富と名声には手が届かなかったフィラデルフィア出身の「ザ・ルーツ・クルー」は、『サタデー・ナイト・ライヴ（Saturday Night Live）』出身の若手コメディアン、ジミー・ファロンがNBCの老舗番組『トゥナイト・ショウ（Tonight Show）』の司会を引き継いだ時、富と名声の双方を差し出された。ファロンがザ・ルーツを番組のハウスバンドに抜擢したのだ。『シャペルズ・ショウ（Chappelle's Show）』の共同制作者で共通の友人だったコメディアン、ニール・ブレナンの推薦だった。

ザ・ルーツほどの知名度はないが、同等の実力を有するチャーリー・ハンターは、《Voodoo》のリリース後、ライヴ活動と自身のアルバム制作に戻った。彼はディアンジェロのツアー・バンド、ソウルトロニックス加入の誘いを断ったが、声をかけられて光栄だったと話している。現在、ハンターはノースカロライナ州で妻と二人の子どもと暮らしている。

ハンターは、《Voodoo》に参加したことで多くを学び、エレクトリック・レディで「音楽オタクたち」との時間を大いに楽しんだ、と語っている。しかし、アーティストとして成長し、高い評価を得ることはプロのミュージシャンにとって大切なことだが、それで住宅や車のローンは払えない。なおハンターは、レコーディング・セッションのギャラをもらったものの、アルバム用に共同執筆した〈The Root〉と〈Greatdayindamornin'〉の二曲で生じた印税を受け取っていないと主張していた。

私はハンターを、アラン・リーズとユニヴァーサル・ミュージック・パブリッシング・グループ（UMPG。ディアンジェロの音楽出版を管理している）の担当者に繋いだ。

本書の完成時点で、進展があったとハンターは私に教えてくれた。

膨大な量の仔細な探偵／弁護士の仕事を経て、ようやく印税が見えてきたようだ。どれくらいの金額になるかは、［二〇一九年の］後半になるまで分からない。何が難しかったって、そもそも印税がどこに支払われたのかを見極めることだった……どうしてこうなったのか、僕にはまったく分からない。*10

UMPGの担当者によれば、ハンターは同社のアーティストではなく、「彼の代理人を務める音楽出版社が、印税明細書を作成し、支払いを行う事業体になる」そうだ。ハンターの状況について、情報や進展があるかをリーズに尋ねると、彼はコメントを差し控えた。

印税未払いの問題はあるものの、ディアンジェロと再び仕事をする気があるかと尋ねられると、ハンターは即答した。

「もちろん。最高に楽しいだろうな」とハンターは私に言った。「あいつのこと、大好きだし！」

おそらく《Voodoo》と《Black Messiah》のリリースから最も大きく変わったのは、ディアンジェロに影響を与えた人物や、彼と同世代の仲間が、この世を去ったことだろう。二〇〇六年、J・ディラがルーパス（狼瘡《ろうそう》）の合併症で死去。三十二歳という若さだった。ヒップホップ・アーティストは、サンプリングとプロダクションにおけるJ・ディラの卓越した技術と独自性に敬意を表し続けている。

J・ディラの死去から二年後、ギタリストのスパンキー・アルフォードが亡くなった。彼の死も、ディアンジェロに大きな打撃を与えた。ディアンジェロの元マネージャーで、〈Untitled〉のヴィデオを発案したドミニク・トレニアは、二〇一六年に逝去した。デヴィッド・ボウイ、アース・ウィンド・アンド・ファイアーの共同創始者でソウル界のレジェンドでもあるモーリス・ホワイト、ア・トライブ・コールド・クエストのファイフ・ドーグも、この年に亡くなっている（二〇一六年は、特にシンガーやミュージシャンが相次いで亡くなり、有名人の死亡が多い一年となった）。

《Voodoo》収録の〈Spanish Joint〉のソングライティングに名を連ねた至高のホーン奏者、ロイ・ハーグローヴは二〇一八年十二月、腎臓病による心不全で急死した。「俺が音楽について考える時、「ハーグローヴは」文字どおり、俺が思い浮かべる唯一のホーン奏者だ」と、ハーグローヴの死が発表された日、クエストラヴはインスタグラムで弔辞を述べている。*11

ボウイに加えて、世界に衝撃を与え、ファンを深い悲しみに陥れた二〇一六年の死は、四月二十一日の朝に起こった。ディアンジェロに最も大きなインスピレーションを与えたアーティスト／天才が、この世を去ったのだ。

プリンス・ロジャーズ・ネルソン死去のニュース。誰も心の準備など、できていなかった。とりわけアラン・リーズは。

リーズがディアンジェロのマネジメントに携わる約二十年前、彼はプリンスのツアー・マネージャーで、その後プリンス主宰のペイズリー・パーク・レーベルを三年間運営していた。二〇一六年四月二十一日、リーズは弟でサックス奏者のエリックと念願だった列車の旅に出ると、春のカナダを訪れていた。

「私たちは列車に乗っていて、カナダのロッキー山脈のどこかにいた。すると、ペイズリー・パークで何かが起こっているというショートメールを受け取ったんだ」とリーズは語る。「その後、ミネアポリスの友人から電話がかかってきた。『ペイズリー・パークで何かが起きたという速報が出ていたが、詳細が不明だ。何か聞いていないか？

プリンスは大丈夫?』ってね。寝耳に水だった」

まもなく、クエストラヴが泣きながら、リーズに電話をかけてきた。クエストラヴは、ペイズリー・パークにいるプリンスの側近と話をして、プリンス死去のニュースを確認していたという。それからリーズ、クエストラヴ、ディアンジェロは、絶望に打ちひしがれて三者通話をした。

「三人とも、電話口ですすり泣いていた」とリーズは話している。

彼はウィニペグに到着すると旅を切り上げ、すぐにミネアポリス行きの飛行機に搭乗した。

プリンスの死去から五日後、ディアンジェロは『トゥナイト・ショウ・ウィズ・ジミー・ファロン』に出演。マヤ・ルドルフとグレッチェン・リーベラムをバックグラウンド・ヴォーカルに従えて〈Sometimes It Snows in April〉のカヴァーを歌い、プリンスを涙ながらに追悼した。白い毛皮のベストを着た彼は、白いヤマハのグランドピアノを弾き、ラベンダー色のライトに照らされて、ありのままの感情をぶつけた。幼い頃、兄と一緒にこっそり聴いていたアーティスト。自分の音楽世界で最重要となった人物。故人となった自分のアイドルを讃えて、彼の書いたバラードをテレビでパフォーマンスするとは、考えてもいなかったことだった。最後のヴァースで、ディアンジェロは「トレイシー」を「プリンス」に置き換え、天国を指さすと、切なさは耐え難いほど大きくなった。悲しみがこみ上げてくると、彼は泣き崩れないよう黙り込んだ。ルドルフとリーベラムがバックグラウンドで歌い続けるあいだ、ディアンジェロは一瞬沈黙したのち、落ち着きを取り戻して曲を終えた。

彼が失ったのは、音楽的なヒーローだけではない。数年のあいだに、ディアンジェロとプリンスは時々連絡を取り合う友人になっていた。二人は折に触れて一緒にジャムをしたり、リーズによれば、年に二、三回は電話で話していたという。二〇〇六年、プリンスはツアー中だったが、クロスローズ・トリートメント・センターで薬物依存のリハビリを終えたディアンジェロに会おうと声をかけたそうだ。しかし、ディアンジェロが会いに行くことはなかった。

クエストラヴは《Voodoo》について、自分とディアンジェロがプリンスのアルバムをプロデュースするための「オーディション・テープ」なのだと得意げに語っていた。[*12] 世界の音楽ファンにとっては悲しいことだが、彼らの夢が叶うことはなかった。

しかし、自身のサウンドについては、自ら裁判官、陪審員、処刑人にならなければ気が済まないプリンスのことだ。生きていても、〔プリンス、ディアンジェロ、クエストラヴの〕聖なる三位一体は、見果てぬ夢だったことだろう。

「実現はしなかっただろう。プリンスは、自分の音楽に他人のアイディアを入れるつもりはなかったからね」とリーズは言う。「自分の曲を人にカヴァーされるのも嫌だったんだ。いつも文句を言っていたよ」

アラン・リーズは、プリンスとディアンジェロの両者と親交を持ち、二人に関してあらゆることを経験してきた稀有な人物だ。二人が同じコインの表と裏であることを、彼はおそらく地球上で誰よりも分かっている。二人とも、自分の音楽に関して一切の妥協を許さない、才能豊かな完璧主義者だ。プリンスのレコードをプロデュースしたい、と強く願っていたディアンジェロだが、自分自身のダブルスタンダードに気づいていなかった。ディアンジェロもプリンスと同じく、決して他人に自分の音楽をプロデュースさせたくないと思っていたのだ。リーズはさらに語る。

世界のどこにも、ディアンジェロをプロデュースする者はいないだろう。彼は聞く耳も持たないはずだ。「いやいや、自分でできるから。誰にも指図なんてされたくない。これは俺の音楽。俺の心の奥底から出てくる。それを他人に解釈されて、変えられるのは嫌だ」ってね。プリンスもそうだった。

「残念だと思うこともある」とリーズは続ける。「プリンスの才能と、クエストラヴのプロダクション技術に、ディアンジェロの才能を組み合わせたらどうなるか、想像してみてくれ。そこから何が生まれるか、想像することしかできないが」

そう、私たちには、想像することしかできない。

《Voodoo》は、現在あるいは将来的に、ミュージシャンの手本となるアルバムなのだろうか？　《Voodoo》のようなアルバムが現在の音楽シーンでリリースされた場合、商業的には「中程度の成功」にとどまり、二〇〇〇年のように百万枚を超えるセールスには至らないだろう、とディオン・サマーズは話している。「僕たちはさらに移り気になっている」と彼は言い、若年の音楽ファンを「ビートに影響された世代」と形容している。それでも、《Voodoo》は商業性や年齢層を超えて、影響を及ぼしている。

リッチモンド出身の新進ラッパー、マイケル・ミリオンズは、二〇一八年にリリースした〈Water〉で、ディアンジェロの許可なく〈The Line〉をサンプルした。ディアンジェロと《Brown Sugar》への愛を語ったミリオンズのインタヴューがネット上で広まると、ディアンジェロはミリオンズに連絡を取り、サンプル使用の許可を与えただけでなく、無料使用を認めた。[*13]

ミリオンズの例は、ディアンジェロがいかに次世代のアーティストにインスピレーションを与えてきたかを示している。フランク・オーシャン、H.E.R.、ジェイムス・ブレイク、ダニエル・シーザーといったレコーディング・アーティストの作品を繋ぐ線は、ディアンジェロと《Voodoo》の流動的なサウンドに直接結びついている。シンガー／ソングライターのソランジュは、まるで信仰心の篤い女性聖職者のように同アルバムを語っている。「《Voodoo》は、ソウル・ミュージックという信仰を賛美するために私たちが集まった教会だ。これは福音であり……聖堂なのだ」[*14]「《Voodoo》はリリース当時と同じくらい、今日も重要であり続けている」と、ソランジュの姉でシンガー／ソングライターのビヨンセも記している。「ディアンジェロのハーモニー、楽器演奏、アレンジは、アイコニックで時代を超越している」[*15]

ディアンジェロは、特にジェネレーションXにあたる黒人女性の古参ファンと関係を維持しながら、若い新人シンガーにバトンを渡す役割を受け入れるべきだ、とサマーズは語っている。「［彼の］ファンは、［彼と］一緒に年を重ねている。女性たちは、二十代の頃よりも、自由に使えるお金を持っているかもしれない。彼女たちはこれからも彼を応援するだろう。割れた腹筋は期待していないだろうが、音楽的にはファンが存在する」とサマーズ。

音楽ファンはまたしても、ディアンジェロの次なる動きを待ちわびている。本書執筆時点で、彼はニューヨークで隠遁生活を送っている。リーズによれば、新しい音楽を作り続けており、二〇二〇年にはアルバムのリリースを予定しているという。本書が出版される頃には、アルバムもリリースされているかもしれないが、ディアンジェロの過去を考えると、リリースの予定日は何の意味も持たない。ディアンジェロのライヴを見たいと願うファンもいるが、新譜がリリースされるまで、ライヴは棚上げだ。リーズによれば、ディアンジェロは二〇一九年、夏の音楽フェスティヴァルのメインアクト出演を断ったそうだ。二百万ドル相当のオファーだったという。

つまり、ディアンジェロは準備ができた時点で、再び姿を現すだろう。ただし、準備が万全でない限りは現れない。

今でもディアンジェロを本名で呼んでいる恩師のビル・マッギーは、リッチモンドのスターとなった彼に対し、揺るぎない信頼を置いている。彼は、自分の秘蔵っ子が、プリンスやマイケル・ジャクソンのようにプレッシャーと依存症で死ななかったことを有難く思っている。才気溢れる者たちに「死ぬ筋合いなんてない」、とはマッギーの弁である。ディアンジェロ／マイケルは「音楽業界を変える可能性」を持ち続け、文化にさらなる貢献をすると、心の奥底で信じている。

「彼はまだ終わっちゃいない」と、マッギーは見解を述べている。「マーヴィン・ゲイや、カーティス・メイフィールドが今頃何をしているか、想像できるかい？　彼が途方もないことをする可能性はまだある。生きている限り、彼は重要な存在なんだ」

最後に、読者の皆さんへ。本書に記載されている日付、年齢、活動内容、時系列の確認には、多大な努力が払われた。現在、ディアンジェロがインタヴューに応じることは極めて稀有で、著者は所属レコード会社や個人的な知り合いを通じてリクエストを送ったが、彼からの返答はなかった。本書のリサーチ中、ディアンジェロのバイオグラフィーや、《Voodoo》の制作期間に関する情報の中に、いくつか矛盾や不備が発見された。一部の日付は、二次情報および／またはインタヴューで照合し、推測したものである。本書に誤りがある場合、著者が誠意をもって職務を行なった上での誤りであることをご了承いただきたい。

マイケル・アーチャーの呪文《スマイル》にかけられて——訳者あとがき

以下は、二〇一二年に刊行された書籍『bmrレガシー ディアンジェロとネオ・ソウル』（現在は絶版）に掲載された「ディアンジェロ来日同行記」を加筆修正したものである。本書の中でも語られているが、ディアンジェロは《Voodoo》ツアー以降、「すっかりシャイになり、内省的になってしまった」（アラン・リーズ氏の弁）ため、音楽業界全般に心を閉ざす前のディアンジェロに関する記録を少しでも残しておきたいと願い、再掲する次第である。既に読まれている方には申し訳ないが、私は信じている。逸話は繰り返し語り続けることで、伝説になるのだと。

一九九五年、秋。ディアンジェロは、日本にやってきた。予定より一日遅れで。来日が一日遅れたために、スケジュールがすべて狂い、慌ただしかった記憶がある。それなのに、目の前に現れたディアンジェロは、周りの喧騒をまったく意に介する様子もなく、まるで自分だけが別の時間軸で動いているかのように、ゆったりと歩いていた。近寄りがたい雰囲気はない。外見は、ごく普通の黒人男子。それが第一印象だった。

ディアンジェロに対面したのは、この日が初めてだったが、当時レコード会社のスタッフだった私は、彼がデビューする数カ月前、アルバム《Brown Sugar》の情報収集という名目で、電話インタヴューをしていた（その情報はのちに、同アルバムのライナーノーツを執筆した松尾潔氏に提供された）。デビュー前だったせいか、ニューヨークのレーベルにリクエストを出すと、数日のうちにインタヴューが実現した。電話を通じた彼は、モソモソと喋る、大人しそうで感じの良い青年だった。特に思い出深いのは、「作りかけの曲はたくさんあるんだけど、ちょっとでも気に食わないと、すぐにボツにしちゃうから、何曲あるのか分からないや……」という、職人肌で完璧主義なコメントだ。本書の中でも、ディアンジェロは「他のアーティストならキャリアのハイライトになる素晴らしい」曲を日常的に破棄していたというクエストラヴの発言が出てくる。デビューから二十五年以上が経過しても、三枚のオリジナル・アルバムしか発表していないのは、この完璧主義によるものだろう。

また彼は、こちらが褒めるたびに「ありがとう」を連発し、「あなたって天才だよね」と水を向けるたびに、「天才じゃないよ……」といちいち律儀に否定していた。さらに、インタヴューを始めてしばらく経ったあと、「椅子、持って来てもいい？　ずっと立ったままだったんだ。中断するの悪いかなと思ってたんだけど、やっぱり疲れちゃって……」とも呟き、「そんなに気を遣わなくてもいいのに」と私を驚かせた。彼はまさしく、礼儀正しく謙虚な南部のチャーチボーイだった。三十分程度のインタヴューだったが、彼の素朴な人柄は十分伝わってきた。しかしその一方で、「ディアンジェロってミドルネームなの？」という質問には、「うん、そうだよ」と答えて済ますなど、部分的に適当な性格もうかがえた（本当のミドルネームはユージン。ディアンジェロは、本書の中でも説明されているとおり、ミケランジェロにちなんだステージネームだ）。おそらく彼の場合は、「ガバメント・ネーム（政府発行の身分証などで使われる正式名）」よりも、「自分が天才であるか否か」にきちんと答える方が重要問題だったのだろう。これもまた、芸術肌の彼らしい。

実際に会ったディアンジェロは、思ったよりも身長が低く、ずんぐりとした体型だった。バギーなファッションに身を包んでいたため、「ソウルの救世主」というよりも、ストリートのヒップホップ・ヘッドという趣。実際、彼はデビュー前にチリー・チルというMC名で、ラップ・バトルを繰り広げていたこともあるという。「髪型をコーンロウにしろって、ディアンジェロに指示したのはこの俺だ」と威張っていたマネージャー（当時）のキダー・マッセンバーグは、「あいつの格好、バギーすぎるだろ。アレステッド・ディベロップメントかよ」とそのファッションを陰で冷笑していたほどである。数年後、彼がブラック・ミュージック界のセックス・シンボルになるとは、この時点では誰も予想だにしていなかったはずだ。

彼の来日は、レーベルの主宰するインターナショナル・コンヴェンション出演のためだった。同行したミュージシャンは、ベースとドラムスの二人。トリオ編成で、アルバムから数曲をパフォーマンスした。過去のインタヴューで「〈Shit, Damn, Motherfucker〉を演奏するのが好き」と言っていたのに、同曲はセットリストに入っていなかったため、どうして好きな曲を演奏しないのか尋ねると、「日本は礼儀を尊重する国だって聞いていたから、失礼になるといけないと思った」という、意外な答えが返ってきた。ディアンジェロは日本文化を尊重し、セットリストにも配慮していたのだ。また、筋金入りのチェーンスモーカーである彼は、自分が吸う時には、「タバコ、吸ってもいい？」と訊きつつ、必ず周りの人にも自分のタバコを勧め、気前よく周囲に分け与えていた。

彼の来日中の言動を見て、真っ先に脳裏をよぎった言葉は「リスペクト（敬意）」だ。他者に対するリスペクト（ただし「時間を守る」という項目は除く）、特にミュージシャンに対するリスペクト。最も感銘を受けたのが、彼の「ミュージシャン」の定義には、国境も人種も存在しなかった点である。この年のコンヴェンションには、アフター7やポーラ・アブドゥルも出演しており、ディアンジェロは自分の知っているミュージシャンを見ると、自ら声をかけ、笑顔で挨拶をしていた。さらに、日本人ミュージシャンと思しき人が通るたびに（同コンヴェンションには、洋邦のアーティストが出演していた）、「あの人はミュージシャン？」と確認し、答えが「イエス」の場合には、彼らに歩み寄り、握手を求めていた。今でこそ、多くのアメリカ人／黒人アーティストが国籍・人種を超えてさまざまなコラボレーションを行なっているが、一九九五年当時、彼らが日本人アーティストに「自ら」挨拶をしに行く、というのは非常に珍しい光景だった。それに、ディアンジェロは打算があって声をかけていたわけではない。

同胞に敬意を示すために挨拶をしているに過ぎなかった。二〇一三年、アラン・リーズにインタヴューした際にこのエピソードを話すと、「それは彼らしいなあ。彼は純粋なアーティストなんだ。だから、自分に興味のないジャンルであれ、そのジャンルで素晴らしい音楽を作って成功している人に対しては、敬意を示す」というコメントが返ってきた。リーズ氏がディアンジェロのツアマネになった経緯を聞いても、ディアンジェロの謙虚さ、他人に対するリスペクトがうかがえるはずだ。普通はマネージャーやエージェントが電話をかけ、仕事の打診をするものだが、ディアンジェロは直々にリーズ氏に電話をかけ、こう言ったそうだ。「ミスター・リーズ、マイケル・アーチャーです。僕はディアンジェロとして知られています。あなたは覚えていないかもしれませんが、数年前にお会いしています。あなたがプリンスと仕事をしていたことも知っています。コンサート・ヴィデオはたくさん見ましたし、どれも素晴らしかった。だから、あなたに会えたら光栄です」

一方で、苦笑せざるを得ない場面もいくつかあった。関係者一同が会した夕食会でのこと。レーベル重役がスピーチをしている最中、誰もが神妙な面持ちで傾聴しているというのに、ディアンジェロはなぜかいきなりクスクスと笑い出したのだ。会場内に聞こえるのは、重役の声とディアンジェロの笑い声のみ。彼は「ごめん、ごめん」と謝りながらも笑い続け、同じテーブルに座っていた人々は冷や汗をかいていた。

また、コンヴェンション当日には、ディアンジェロが一泊した部屋をバンドの控室に使用したのだが、その散らかり方が前代未聞だった。会社からホテルの部屋に差し入れしたフルーツは食べ散らかされ、濡れたシャワーキャップやタオルは床に転がり……もちろんベッドも滅茶苦茶だ。どうしたら一日でここまで汚せるのか……と、部屋に足を踏み入れた瞬間、バンドのメンバーも半ば呆れ顔だった。

そして、現実的に最も大きな問題となったのは、ディアンジェロの時間感覚とそのテンポである。本人もレイドバック（ノンビリした）性格だと自認していたが、想像を絶するマイペースぶり。なぜ来日が一日遅れたのか、その理由は察しがついた。飛行機に乗り遅れたのだろう。滞在中、彼は何度も「日本のペースは速すぎる」とボヤいていた。通常運転でさえノンビリなのに、時差ボケも加わって、彼の動きはスローモーション並に遅くなっていった。デビュー・アルバムの数曲でミキシングとプロデュースに関わったボブ・パワーも、ワックス・ポエティックスのインタヴューで当時を振り返り、「Dは遅刻魔だったから、私は結局プロジェクトを降りることにした。

単にそれ以上、時間を取れなかったんだ」と語っている（こうしてパワー氏の後釜となったのが、ラッセル・エレヴァドだったというわけだ）。ディアンジェロと一緒に来日したドラマーも、彼を好青年だと認めながらも、「あんなにノンビリしていると、そのうち『怠慢』なんてバッシングされるんじゃないか……」と心配していた。「音楽以外の能力・思考は機能していない天才」というのは、まさにディアンジェロのことだ。しかし、そのアンバランスさが、ミュージシャンとしてはさらに魅力的だった。

来日期間は正味にして三日ほど。短い滞在のあいだ、彼は笑顔を浮かべていることが多かったように思う。芸能人にありがちな営業用の笑顔でもなければ、人々の尊敬を集めてやまない人格者の笑顔でもない。何かを吸ったあとのような恍惚（ハイ）な笑顔、はにかんだ悪戯小僧のような笑顔だった。しかし、そんな彼も険しい表情を浮かべ、こちらに詰め寄ってきた瞬間があった。取材日の後半、キダー・マッセンバーグが渋谷のレコード屋に行き、CDを大量に買ってきた時だ。ディアンジェロは日本到着が一日遅れたために、取材が夜遅くまで続き、まったく自由時間がなかった。「なんで俺ばかりこんなに仕事して、どこにも行けないの？」。何度も詰問されたが、夜までスケジュールは満杯。数時間の休憩すら取れない状態だった。苦し紛れに、何の

CDが欲しいのか尋ねると、彼は「Bitches Brew! Bitches Brew!!」と目の色を変えて叫び出した。また、キダーが買ってきたカーティス・メイフィールドの《Anthology 1961-1977》も手に入れたいと騒いだ。普段は「もう少し、声を張ってくれませんか？」くらいのモソモソ声なのに、音楽やレコードの話になると、人が変わったように声を張り上げる。その姿が印象的だった。

帰国当日、ホテル・ロビーの集合時間は昼ごろだったと思う。全員が集まっているのに、案の定ディアンジェロの姿がない。しばらく待っても一向に現れる気配がないので、ロード・マネージャーはロビーから彼の部屋に電話をかけた。「昨日、あれだけ準備しておけって言っただろ！」ロード・マネージャーの怒鳴り声が響いた。「きついスケジュールをこなして、疲れていたのだろう。あんなに怒鳴られて可哀想に……」と我々スタッフは同情したが、三十分ほど過ぎてようやく現れた彼の表情を見て、その同情も無駄であることに気づいた。「飛行機に乗り遅れるかもしれない」という周囲の焦りや怒りなどどこ吹く風で、顔には笑みまで浮かべている。彼は開口一番、こう言った。「ＫＦＣが食べたいなあ」。これだから、天才は面白い。

正確な時期は忘れたが、翌年にはプロモーション来日したアンジー・ストーンとも会う機会があった（彼女はディアンジェロの子どもを妊娠していたが、当時はディアンジェロと付き合っていること、彼の子どもを身籠っていることについては、緘口令《かんこうれい》が敷かれていた）。アンジーは言った。「私のベイビーを世話してくれて、ありがとう」。そう、アンジーにとって、ディアンジェロは可愛いベイビーだったのだ。ディアンジェロの身の回りの世話をかいがいしく焼いていたに違いない。彼の髪も結ってあげているなんて話もしていた。また、異国でのプロモーション中という忙しい身にもかかわらず「ホテルに帰ったら、彼に電話して、曲作りを手伝ってあげなくちゃ。マイケル・ジョーダンの映画用に曲を作っているんだけど、歌詞に苦戦してるみたいだから」と話していた。

その後、マイケル・ジョーダンが主演した『スペース・ジャム』のサウンドトラックを入手し、ディアンジェロの〈I Found My Smile Again〉のクレジットを見ると、アンジーの名前は入っていなかった。不思議に思ったのだが、《Voodoo》のリリースから数年後、その謎が解けた。《Voodoo》に収録された〈Playa Playa〉は、『スペース・ジャム』のサントラ用に書かれた曲だったが、ワーナー側が難色を示し、《Brown Sugar》のアウトテイクだった〈I Found My Smile Again〉を使用することになった、と二〇〇〇年頃のokayplayer.comにクエストラヴが書いていたのだ。確かに〈Playa Playa〉には、バスケットにまつわる言葉が多く出てくる。そしてクレジットには、アンジーの名前が入っている。GQ誌二〇一二年六月号に掲載されたディアンジェロの記事の中で、アンジーは「彼の中には神（の力）が溢れているの」とコメントしていたが、その神の力も、アンジー・ストーンの助力があったからこそ開花したに違いない。

一九九九年十一月。約五年ぶりのセカンド・アルバム《Voodoo》のライナーノーツを執筆する染野芳輝氏から質問状を託され、私はニューヨークのスタジオに赴いた。レーベル担当者には、「インタヴューできるかはまったく分からない。何時間遅れるかも分からないし、本人が実際に来るかどうかも分からない」と脅されながら、待つこと軽く五時間以上。ディアンジェロがやって来た。五年前の帰国時と同様、遅れたことに対する罪悪感はまったくないようだったが、私が持っていた大きなバッグに気づくと、「荷物、持つよ」と手を伸ばしてきた。成功後も、南部の好青年の一面はそのままだと、ホッとしたことが昨日のように思い出される。また、《Emancipation》リリースの際に来日したプリンスが記者会見で、「お気に入りのアーティストはディアンジェロ」と話し、記者団に「彼のことは知っているか？」と尋ねた旨を報告すると、彼は「マジかよ！」と叫びながら、「He's my motherfucker」と悪戯っぽい笑顔で言った。他のミュージシャンやプロデューサーの話を嫌がるアーティストもいるのだが、ディアンジェロは自分の話よりも、プリンスやバンド・メンバーの話をしている時の方が饒舌になる。しかし、《Voodoo》に参加するはずだったローリン・ヒルの話になると、「その話はしちゃいけないって言われてるから……」とたちまち大人しくなってしまった。以前、ブライアン・マックナイト（〈U Will Know〉に共作者としてクレジットされている）について尋ねた時も、同じように口ごもられてしまった。大人の事情が絡んだ時に、PR担当者から仕込まれた当たり障りのない回答ができないところも、逆に誠実さを感じた。

今では信じられないことだが、《Voodoo》リリース直後に、ディアンジェロは全米五都市でインストア・サイン会を行なっている。ワシントンD.C.エリア（正確にはメリーランド州）のサイン会は、二〇〇一年一月二十七日、ブラック・ネイバーフッド（当時）にあったアイヴァーソン・モールのレコード店が会場となった。集まったファンは千人以上。気温は氷点下。あまりに進行が遅く、寒空の下で待つファンが警察と衝突し、一時はサイン会中止の危険もあった。しかし、「ディアンジェロが大変スロウなため、進行が遅くなっている。僕たちには何もできない」という警官の説明に、怒っていたファンも爆笑し、納得していた。ディアンジェロは、時間内に間に合ったファン全員にサインを書き、写真を撮り、ハグをするという大サービスを展開していたが、相手が誰であれ、目を見てきちんと話を聞いている姿を見て、「あれではみんなにエネルギーを奪われてしまうのでは……」と懸念を抱いたのも確かだ。アラン・リーズはディアンジェロの気質について、「彼は、自分のキャリアを助けた人だけでなく、三、四カ月ツアーに同行したセキュリティ・ガードのことまで気にかけて、『あいつ何してるのかなあ。今はどうしてるんだろう。誰か、彼と喋った人はいる?』なんて言うんだ」と語っていた。プロモーション嫌いなのは、名声に興味がないからだろうが、誰にでも分け隔てなく、誠実に対応してしまう性格だからこそ、普通のアーティストよりもインタヴューなどで神経をすり減らし、疲弊してしまうのかもしれない。

本書の終盤には、ディアンジェロが二〇一九年、二百万ドル相当のオファーだった音楽フェスティヴァルのメインアクト出演を断った話が出てくる。その他にも、関係者の話によれば、非常に実入りが良いとされる企業向けのパフォーマンスなども、彼はすべて断っていたそうだ。《Black Messiah》リリース後には、ケンドリック・ラマーとのツアーの噂も出たが、それも立ち消えになってしまった。最大限の利益を目指して仕事をしている関係者にとっては歯痒いだろうが、ハイパー資本主義社会に生きながら、金銭的な報酬に執着しない潔さも、ディアンジェロの伝説的ステータスの維持と向上に一役買っていると思われる。

今年（二〇二一年）に入って、インターネット・ラジオで番組を始めたり、Versuzに出演したりと、表舞台に顔を出しはじめたディアンジェロ。年内には四枚目のオリジナル・アルバムがリリースされる可能性が高そうだ。しかし彼は《Voodoo》のリリース時に、「セカンド・アルバムを出すまでに五年もかかってしまったけど、次はもっと早く出せるはずだよ」と言いながら、サード・アルバムをリリースするまでに十四年を要した人物だ。「生きてさえいてくれれば、いつかは出してくれるはず」といったスタンスで、気長に待つのが賢明かもしれない。どれだけ待ち時間が長かろうと、ひとたびアルバムがリリースされれば、十年、二十年と愛聴できる作品になるのは確実なのだから。

二〇二一年四月　押野素子

解説　「男らしさ」の呪縛を解き放った《Voodoo》の先見性

本書は一枚のアルバムについて丸一冊かけて論じる〈Bloomsbury Publishing〉による33 1／3シリーズのうちの一冊だが、とりわけ重要なのは、二〇〇〇年にリリースされたブラック・ミュージックの傑作を二〇一〇年代後半に「ブラック・フェミニスト」の視点から書いたものだということだ（原書の出版は二〇二〇年三月）。著者は、映画監督であり、作家のフェイス・A・ペニック。二〇一〇年代におけるブラック・ライヴズ・マターや第四波フェミニズムを経験した立場から書かれたものであることが端々に現れており、結果、本書の主役であるディアンジェロの《Voodoo》がいかに先駆的な作品であったかを浮き彫りにしている。

ペニックは本書の前半で、当時ネオソウルの期待の新星だったディアンジェロがどのように《Voodoo》を作り上げたかを整理しつつ、中盤以降、同作が鮮やかに引き出した黒人男性の両面性——男性性と女性性、強さと弱さ、愛にまつわる悦びと痛み——について掘り下げていく。中でも力が入るのが、《Voodoo》収録曲であり、アルバムからの三枚目のシングルとなった〈Untitled (How Does It Feel)〉のミュージック・ヴィデオが世間に与えた衝撃について語るくだりだ。いや、世間というよりペニック自身に与えた衝撃と言うべきだろうか。いずれにせよ、同ヴィデオでディアンジェロが（意図せずとも）表象したものは、現在に至るまで文字どおり「ホットな」主題となっている。すなわち、黒人男性が示す男性性の複雑さについて、あるいは、彼らがどのように自身の官能を表現しうるかについてだ。

実際、〈Untitled (How Does It Feel)〉のヴィデオには、いま見ても思わず息をのむほどセクシーな映像が収められている。カメラが丸裸の腹部をゆっくりと撫でるように接写すれば、当のディアンジェロは汗まみれで絶唱する。まるでオーガズムそのもののように。現代を生きる私たちはバリー・ジェンキンスの映画『ムーンライト』、それにブラッド・オレンジやモーゼス・サムニーの映像表現といった黒人男性の肌や身体を美しく柔らかな官能性で捉えるものを既に知っているが、それにしてもこのヴィデオほどエロティックなものをメインストリームのポップ・カルチャーにおいてはいまだ体験していないのではないか、とさえ感じる。本書では同ヴィデオが作り上げたセックス・アイコンのイメージがいかにディアンジェロを苦しめたかについても追っていくが、と同時に、当時このヴィデオが女性やクィアの情動をどれほど解放したかもペニックは熱っぽく語っている。それは当時、「男らしさ」のもとに強く抑圧されたものだったからだ。

二〇一〇年代半ば以降とくに、再興するフェミニズムに応答する形で「男らしさ」や男性性をめぐる議論が活発になっている。タフであること、屈強な肉体を持っていること、社会的な成功を収めていること、性的な経験が豊富であることといった要素で証明される「男らしさ」は、他方でミソジニー（女性嫌悪）やホモフォビア（同性愛嫌悪）を呼びこみやすく、そうした問題はトキシック・マスキュリニティ（「有害な男性性」と訳されることが多い）として批判の対象に挙げられることが多くなった。

トキシック・マスキュリニティは構造的な男性中心主義が生み出したものである一方で、「立派な男」から外れてしまうことへの恐怖から男性自ら無意識に身につけてしまうことが多いとされている。たとえばタフであることを自身に強く課してきた男性は弱みや痛みを他者に晒《さら》すことが難しくなるだろうし、ゲイとして見られることに強く恐怖を感じている男性ほどホモフォビアを強化してしまうだろう。しかしそれらは往々にして本人にもトキシック（有毒）であり、そこから解放されることは社会にとっても男性自身にとっても重要なことである……という認識が広まってきつつある。

「男らしさ」を強調しがちなジャンルの音楽はトキシック・マスキュリニティの問題を孕《はら》みやすく、ラップ／ヒップホップやR&Bもその代表のひとつとされてきた。ゆえにシーンの中心にいる黒人男性たちがミソジニーやホモフォビアを強く抱えているという偏見に結びつくことも多い。たしかに女性蔑視や同性愛嫌悪は特にラップのリリックでクリシェとして長く温存されてきた側面もあるが、黒人の男性ラッパーたちは白人中心社会に対抗する形で「タフな男」であることを誇示してきた部分もあるので、ことは複雑だ。あるいは、エイヴァ・デュバネイ監督のドキュメンタリー映画『13th ─憲法修正第13条─』が指摘しているように、（白人が中心の）社会の方から黒人男性に対する「暴力的である」「性的に旺盛である」といった偏見が文化的、構造的に強化されてきたため、黒人男性たちがそれを内面化してしまったという分析もある。非常に入り組んだ問題なのだ。

けれども、そうした問題に対してブラック・コミュニティ内での議論が活発になったことで、ラップ／ヒップホップやR&Bシーンの空気も大きく変わってきた。中でも象徴的だったのは、フランク・オーシャンがアルバム《Channel Orange》（二〇一二年）のリリースに際して同性に恋をした経験を公表したこと、そしてシーンがそれを支持したことだ。オーシャンの勇気ある行動は多くのクィアのラッパーやシンガーをインスパイアし、現在ではゲイであることをカミングアウトしているリル・ナズ・Xが大ヒットを飛ばし、自らのクィア性を前面に出す表現をする状況に至っている。あるいは音楽を離れてみても、先述した映画『ムーンライト』は男の子に恋をする男の子を瑞々しく描きつつ、黒人男性の「男らしさ」に隠された繊細さや脆《もろ》さを捉え、多くの人の共感を得た。新しい世代から旧弊な「男らしさ」に縛られなくなってきたことが、ポップ・カルチャーに如実に表れるようになったのである。

そうした近年の変化を踏まえて本書を読めば、二〇〇〇年において《Voodoo》が極めて際立った作品だったことがより明確になってくる。当時のラップ／ヒップホップやR&Bシーンにおける「(有害な）男らしさ」の問題の葛藤は、〈Left & Right〉でのディアンジェロの歌と、メソッド・マンとレッドマンによるラップの分裂に表れているとペニックは指摘しているが、アルバムを通じてディアンジェロはあくまで女性に自らを捧げていると見なしている。それは男であることを証明するために女性を「獲得」するのではなく、自らの弱さも含めすべてを晒して愛に身を任せるということであり、ペニックの言葉を借りれば、「黒人男性は人を愛することができるし、愛してもいる」。「ディアンジェロは、ロマンティックな愛を臆することなく黒人女性に向けて表現する。彼女たちは、黒人男性と愛し合い、親密な関係を築く難しさに日々直面している」。

そのようなディアンジェロのあり方があまりに稀有だったからこそ、多くの人間が《Voodoo》に美と悦びを見出したのだとペニックは言う。本書のハイライトはまさにここにある。つまり、(黒人女性である）ペニックが個人的なものとしてロマンティックな音楽体験をしたことが生き生きと語られると同時に、それが普遍的な魅力を持っていたことが説得的に論じられているのだ。当時の……いや、今に至るまで多くの男性が内側に隠しがちな弱さや脆さをディアンジェロは音楽に明け渡し、女性やクィアも含めた多くのリスナーの情動（エロス）を解き放った。ペニックいわく、そのことに対して反動的な反応をする異性愛者の男性も少なからずいたそうだが、彼らが時間をかけて作品の魅力に気づいていく様子も本書では記録されている。それは、「男らしさ」に自らを縛りつけてきた男性たちがゆっくりと解放されていく様を見るようでもあり、《Voodoo》が切り拓いたものの大きさを思わずにはいられない。そして今なお《Voodoo》は快楽的なグルーヴとともに、あらゆる聴き手をめくるめく愛と官能に誘っている。それはディアンジェロがプリンスの正統な後継者である証でもある。

本書ではその後のディアンジェロについても言及されており、「新しい音楽を作り続けている」とのこと。《Voodoo》から約十五年を経てリリースされた、初期ブラック・ライヴズ・マターと強くシンクロする《Black Messiah》は「ディアンジェロを超えるのはやはり、ディアンジェロしかいなかった」とまで評されたものだが、「二〇二〇年にリリース予定だった」アルバムがまだ出ていないことを思うと、完璧主義の彼らしくまだまだ時間はかかるのかもしれない。考えてみればプリンスがこの世を去ってから初めてのディアンジェロのアルバムになるのだから、そこに課せられた期待はあまりに大きい。気長に待つしかないだろう。

けれど今、私たちの手元には金字塔たる《Voodoo》がある。リリースから二十年以上経ってなお、私たちはこのグルーヴに合わせて踊り、その艶やかな愛の歌と溶け合うことができる。

木津毅（きづ・つよし）
ライター。二〇一一年に音楽メディア『ele-king』にて活動を始め、以降、音楽、映画、ゲイ／クィア・カルチャーを中心にジャンルをまたいで執筆。連載に『ミュージック・マガジン』の「LGBTQ通信」などがある。

出典

第一章　呪文は唱えられた

1 Peisner, David. "D'Angelo: What the Hell Happened?" Spin. August 5, 2008. http://www.spin.com/articles/dangelo-what-hellhappened?utm_source=share-email&utm_medium=button.
2 hampton, dream. "D'Angelo: Soul Man." Vibe. April 2000. p. 106. https://www.dreamhampton.com/articles-archived/2019/2/3/soul-man-dangelo

第二章　ホーム・クッキング――男性原理にスポットライトを奪われた愛しい人

1 Ruggieri, Melissa. "How Things Have Changed for D'Angelo." Richmond Times-Dispatch. September 1, 1996. No URL available.
2 McGee, Bill. Personal interview by author. August 10, 2018.
3 Touré. "D'Angelo Is Holding Your Hand." Rolling Stone, No. #840, May 11, 2000. p. 145
4 D'Angelo. Interview with Tavis Smiley (part 2). Tavis Smiley [TV Program]. PBS. Aired September 3, 2015.
5 McGee, Bill. Personal interview by author.
6 "?uestlove interviews D'Angelo." Okayplayer [No month available]. 1999. https://www.okayplayer.com/dangelo/interview.html.
7 Unsung [TV program]."Angie Stone." TVOne. First aired January 28, 2015.
8 Email from Jocelyn Cooper to author and fact-checker. June 27, 2019.
9 Jones, Alisha Lola. Phone interview by author. January 31, 2019.
10 Unsung, "Angie Stone."
11 D'Angelo. Album notes. Brown Sugar. EMI Records. 1995.
12 Unsung, "Angie Stone."
13 Wallace, Amy. "Amen! (D'Angelo's Back)." GQ. June 2012. p. 163.
14 Lewis, Miles Marshall. "Prophecy Fulfilled." The Village Voice. February 1, 2000. p. 105.
15 bandele, asha. "Been There, Done That." Essence. Vol. 33, No. 11, March 2003. p. 130.
16 hampton, "D'Angelo."
17 Thompson, Ahmir. "Questcorner Reviews: D'Angelo, Voodoo." Okayplayer.com. [No month available] 1999. https://www.okayplayer.com/theroots/qreviewdangelo.htm
18 hampton, "D'Angelo."
19 同上
20 Unsung, "Angie Stone."
21 Souleo. "Angie Stone: Soul on the Outside." EBONY. August 16, 2012. https://www.ebony.com/entertainment/interviewangie-stone-soul-on-the-outside-488/.
22 同上

第三章　グルーヴを探して――画一的な拍子はお断り

1 Worldwide FM. “Classic Album Sundays: Voodoo Part 2—An interview with Russell Elevado.” New York. January 1, 2017. https://www.mixcloud.com/worldwidefm/classicalbum-sundays-voodoo-part-2-an-interview-with-russellelevado-01-01-17/.

2-4 同上

5 Bilger, Burkhard. “The Rhythm in Everything: A Hip-Hop Pioneer Reinvents Late-Night Music.” The New Yorker. November 12, 2012. https://www.newyorker.com/magazine/2012/11/12/the-rhythm-in-everything.

6 Williams, Chris. “The Soulquarians at Electric Lady: An Oral History.” Red Bull Music Academy Daily. June 1, 2015. https://daily.redbullmusicacademy.com/2015/06/the-soulquarians-atelectric-lady.

7 D'Angelo and Questlove. Interview with Nelson George. Red Bull Music Academy. Brooklyn, NY. May 23, 2014. https://www.youtube.com/watch?v=WD1oaBCmZWA&index=1&list=PLPIyaVppbY1QkCwBHLvvL8zd_-ScuG-0_&t=0s.

8 Worldwide FM, “Classic Album Sundays.”

9 King, Jason. “The Time Is Out of Joint: Notes on D'Angelo's Voodoo (new liner notes of the Light in the Attic vinyl rerelease of Voodoo.)” December 2012. http://passthecurve.com/post/41942596825/the-time-is-out-of-joint-notes-on-dangelos.

10 Thompson, Ahmir and Ben Greenman. Mo' Meta Blues: The World according to Questlove. New York: Grand Central Publishing, 2013. p. 161.

11 同上

12 Bilger, “The Rhythm in Everything.”

13 Worldwide FM, “Classic Album Sundays.”

14 King, “The Time Is Out of Joint.”

15 D'Angelo and Questlove. Interview with Nelson George.

16 King, “The Time Is Out of Joint.”

17 Thompson. “Questcorner Reviews.”

18 Williams, “The Soulquarians at Electric Lady.”

19 King, “The Time Is Out of Joint.”

20 Thompson. “Questcorner Reviews.”

21 D'Angelo and Questlove. Interview with Nelson George.

22 D'Angelo. Smiley (part 2).

23 King, “The Time Is Out of Joint.”

24 Herrera, Isabelia. “Meet Gina Figueroa, the Boricua Woman Who Inspired and Co-Wrote D'Angelo's Grammy-Nominated‘Really Love'.” Remezcla. February 16, 2016. https://remezcla.com/features/music/gina-figueroa-d-angelo-really-loveinterview/.

第四章　悪魔のパイ——“盗まれた土地”＝アメリカで搾取される、“盗まれた肉体”＝黒人男性のサヴァイヴァル

1 McLeod, Ken. “The Construction of Masculinity in African American Music and Sports.” American Music. University of Illinois. Summer 2009. p. 205.
2 Thompson, “Questcorner Reviews.”
3 Entry in Urban Dictionary. https://www.urbandictionary.com/define.php?term=JAx.
4 Wallace, “Amen! (D'Angelo's Back)” p. 162.
5 Sakala, Leah. “Breaking Down Mass Incarceration in the 2010 Census: State-by-State Incarceration Rates by Race/Ethnicity.” Prison Policy Initiative. May 28, 2014. https://www.prisonpolicy.org/reports/rates.html.
6 Nellis, Ashley. “The Color of Justice: Racial and Ethnic Disparity in State Prisons.” The Sentencing Project. June 14, 2016. https://www.sentencingproject.org/publications/colorof-justice-racial-and-ethnic-disparity-in-state-prisons/.
7 D'Angelo and Questlove. Interview with Nelson George.
8 Perry, Imani. Prophets of the Hood: Politics and Poetics in Hip Hop. Durham, N.C.: Duke University Press. 2004. p. 135.
9 Bilger, “The Rhythm in Everything.”
10 Thompson, “Questcorner Reviews.”
11 Williams, Saul. Voodoo album liner notes. Virgin Records. 2000.
12 XXL Staff. “20 Times Rappers Big-Up Donald Trump in Their Lyrics.” XXL. November 10, 2016. http://www.xxlmag.com/news/2016/11/rap-lyrics-with-donald-trump/.
13 Davis, Kimberly. “Why Sisters Are Excited about D'Angelo.” Ebony. April 2000. p. 80.
14 hooks, bell. We Real Cool: Black Men and Masculinity. New York and London: Routledge, 2004. p. 18.

第五章　内なる乙女が歌い上げる愛と官能

1 Williams, Voodoo album liner notes.
2 Edwards, Tamala. “The Soul of a Sex Symbol.” Essence. November 1999. p. 106.
3 同上 p. 188.
4 Thompson, “Questcorner Reviews.”
5 ここで私が何をしたか、分かる ?!（笑）
6 Thompson, “Questcorner Reviews.”
7 Edwards, “The Soul of a Sex Symbol.” pp. 106, 186.
8 Elevado, Russell. Interview with Red Bull Music Academy. Toronto, Canada. September 18, 2019. https://www.youtube.com/watch?v=a3qg1-VZUik&list=PLPIyaVppbY1QkCwBHLvvL8

zd_-ScuG-0_&index=4&t=603s.
9 同上
10 Edwards, "The Soul of a Sex Symbol." p. 188.
11 Kajikawa, Loren. "D'Angelo's Voodoo Technology: African Cultural Memory and the Ritual of Popular Music Consumption." Black Music Research Journal. University of Illinois. Vol. 32, No. 1, Spring 2012. p. 148.
12 同上 p. 151.
13 The New Harvard Dictionary of Music. https://web.library.yale.edu/cataloging/music/vocal-ranges
14 D'Angelo. Smiley (part 1).
15 "?uestlove interviews D'Angelo."
16 Thompson, "Questlove Reviews."
17 Worldwide FM, "Classic Album Sundays."
18 Jones, Steve. "D'Angelo's Timeless Magic R&B Revivalist Conjures Spirit of Hendrix to Craft Voodoo." USA TODAY. January 25, 2000. 01D.
19 Murphy, Keith. "6—Untitled." Vibe. March 4, 2011.
20 Song of Songs (Solomon) 2:3. The Holy Bible [New International Version]. Zondervan. 2001. p. 673.
21 Song of Songs 4:7. 同上 p. 674.
22 American Psychological Association. "APA Guidelines for Psychological Practice with Boys and Men." August 2018. https://www.apa.org/about/policy/boys-men-practiceguidelines.pdf.

第六章　"題名のない"ヴィデオに殺されかけた R&B スター

1 Peisner, "D'Angelo: What the Hell Happened?".
2 Century, Douglas. "Singing in the Buff: The Pure Beefcake Video." New York Times. February 6, 2000. C1.
3 Coulehan, Erin. "Panic! At the Disco Get Racy, Recreate D'Angelo's 'Untitled'." Rolling Stone. October 9, 2013. https://www.rollingstone.com/music/music-news/panic-at-the-discoget-racy-recreate-dangelos-untitled-66022/.
4 Harris, Keith M. "'Untitled': D'Angelo and the Visualization of the Black Male Body." Wide Angle. Johns Hopkins University Press. Vol. 21, No. 4, October 1999. https://doi.org/10.1353/wan.2004.0003. p. 74.
5 Jackson, Ronald. Scripting the Black Masculine Body:Discourse and Racial Politics in Popular Media. Albany, N.Y.: SUNY Press. 2006. p. 12.
6 Peisner, "D'Angelo: What the Hell Happened?"
7 Email from Kirsten (last name redacted for privacy) to author. May 6, 2009.
8 Century, "Singing in the Buff."

9 Mulvey, Laura. Visual and Other Pleasures. Bloomington: Indiana University Press, 1989.
10 Herrera, "Meet Gina Figueroa, the Boricua Woman Who Inspired and Co-Wrote D'Angelo's Grammy-Nominated'Really Love'. "
11 Thompson and Greenman, Mo' Meta Blues. p. 180.
12 Peisner, "D'Angelo: What the Hell Happened?"
13 同上
14 Wallace, "Amen! (D'Angelo's Back)." p. 192.
15 D'Angelo. Smiley (part 2). D'Angelo responds to Smiley's comment that "women feel [objectified] every day" with"I wasn't mad at that!" and laughs.
16 Wallace, "Amen! (D'Angelo's Back)."
17 D'Angelo. Smiley (part 2).

第七章　良作は口に苦し――《Voodoo》の評価をめぐって

1 Peisner, "D'Angelo: What the Hell Happened?"
2 Elevado, Interview with Red Bull Music Academy.
3 The $1.5 million number is Russell Elevado's estimate of what it cost to make Voodoo. Alan Leeds could not confirm that amount definitively but said during my interview with him that it "sounds accurate."
4 Hilburn, Robert. "Year in Review in Pop Music: Robert Hilburn's Top 10: Offensive? Sometimes Compelling? Always." Los Angeles Times. December 24, 2000.
5 DeRogatis, Jim. "Best Rock Goes Beyond Bucks." Chicago Sun-Times. December 31, 2000.
6 D'Angelo. Smiley (part 1)
7 Jones, "D'Angelo's Timeless Magic: R&B Revivalist Conjures Spirit of Hendrix to Craft Voodoo."
8 D'Angelo and Questlove, Interview with Nelson George.
9 Lacy, Anne. "Which Comes First in Contemporary Music Technology: The Musician or the Machine?" Vice. February 10, 2016. https://www.vice.com/en_us/article/ae8kvz/which-comes-first-in-contemporary-music-technology-themusician-or-the-machine.
10 Thompson and Greenman. Mo' Beta Blues. p. 178.
11 D'Angelo and Questlove, Interview with Nelson George.
12 Hunter, James. "Review: D'Angelo, Voodoo." Rolling Stone. Issue #833. February 3, 2000. pp. 55–56.
13 "100 Best Albums of the 2000s." Rolling Stone. July 18, 2011. https://www.rollingstone.com/music/music-lists/100-bestalbums-of-the-2000s-153375/fleet-foxes-fleet-foxes-2-186430/
14 Email to author from Jonathan [last name redacted for privacy]. June 27, 2017.

エピローグ──黒い救世主《ブラック・メサイア》の降臨と、果たせなかった「聖なる三位一体」の夢

1 The merger of companies at the same stage of production in the same or different industries (businessdictionary.com).

2 Sweney, Mark. "Slipping Discs: Music Streaming Revenues of $6.6bn Surpass CD Sales." The Guardian. April 24, 2018.
https://www.theguardian.com/technology/2018/apr/24/music-streaming-revenues-overtake-cds-to-hit-66bn.

3 Serjeant, Jill. "Streaming Overtakes U.S. Digital Music Sales for First Time: Nielsen." Reuters. January 5, 2017.
https://www.reuters.com/article/us-music-streamingidUSKBN14P1YH.

4 Worldwide FM, "Classic Album Sundays."

5 D'Angelo and Questlove. Interview with Nelson George.

6 Wallace, "Amen! (D'Angelo's Back)." p. 162.

7 Mayer, John. "Open Letter to D'Angelo." Esquire. Reprinted December 15, 2014.
https://www.esquire.com/entertainment/music/a31473/dangelo-john-mayer/.

8 George, Nelson. Liner notes from Black Messiah. RCA Records. 2014.

9 Frere-Jones, Sasha. "Second Coming: D'Angelo's Triumphant Return." The New Yorker. January 12, 2015.
https://www.newyorker.com/magazine/2015/01/12/second-coming.

10 Hunter, Charlie. Follow-up email exchange with author. July 30, 2019.

11 https://www.instagram.com/p/BpuNOP4DEIx/?utm_source=ig_twitter_share&igshid=1ppx6z7x5tzzs

12 Touré, "D'Angelo Is Holding Your Hand."

13 Phillips, Yoh. "How Richmond Rapper Michael Millions Miraculously Cleared Two D'Angelo Samples." DJ Booth. March 4, 2019.
https://djbooth.net/features/2019-03-04-michael-millions-cleared-two-dangelo-samples.

14 Knowles, Solange. "Solange, Janelle Monae, Thundercat, Beyoncé and More Celebrate 15 Years of D'Angelo's Voodoo Album." Saint Heron. January 2015.
https://saintheron.com/saint-heron-and-friends-celebrate-15-years-of-dangelosvoodoo/.

15 Knowles, "Solange, Janelle Monae, Thundercat, Beyoncé and More Celebrate 15 Years of D'Angelo's Voodoo Album."

参考文献

American Psychological Association. "APA Guidelines for Psychological Practice with Boys and Men." August 2018.
https://www.apa.org/about/policy/boys-men-practiceguidelines.pdf

bandele, asha. "Been There, Done That." Essence. Vol. 33, No. 11, March 2003.

Bilger, Burkhard. "The Rhythm in Everything: A Hip-Hop Pioneer Reinvents Late-Night Music." The New Yorker. November 12, 2012.
https://www.newyorker.com/magazine/2012/11/12/therhythm-in-everything.

Business Dictionary. www.businessdictionary.com

Century, Douglas. "Singing in the Buff: The Pure Beefcake Video." New York Times. February 6, 2000.

Coulehan, Erin. "Panic! At the Disco Get Racy, Recreate D'Angelo's 'Untitled'." Rolling Stone. October 9, 2013.
https://www.rollingstone.com/music/music-news/panic-at-the-disco-getracy-recreate-dangelos-untitled-66022/.

D'Angelo. Album notes ["thank you" section]. Brown Sugar. EMI Records. 1995.

D'Angelo. Interview with Tavis Smiley (part 1). Tavis Smiley [TV program]. PBS. Aired September 2, 2015.

D'Angelo. Interview with Tavis Smiley (part 2). Tavis Smiley [TV program]. PBS. Aired September 3, 2015.

D'Angelo and Questlove. Interview with Nelson George. Red Bull Music Academy. Brooklyn, NY. May 23, 2014.
https://www.youtube.com/watch?v=WD1oaBCmZWA&index=1&list=PLPIyaVppbY1QkCwBHLvvL8zd_-ScuG-0_&t=0s.

Davis, Kimberly. "Why Sisters Are Excited about D'Angelo." Ebony. Vol. 55, No. 6, April 2000.

DeRogatis, Jim. "Best Rock Goes Beyond Bucks." Chicago Sun-Times. December 31, 2000.

Edwards, Tamala. "The Soul of a Sex Symbol." Essence. Vol. 30, No. 7, November 1999.

Elevado, Russell. Interview with Red Bull Music Academy. Toronto, Canada. 2007. https://www.youtube.com/watch?v=a3qg1-VZUik&list=PLPIyaVppbY1QkCwBHLvvL8zd_-ScuG-0_&index=4&t=603s.

Figueroa, Gina. Interview by author by phone. July 12, 2019 and via email, July 13, 2019.

Frere-Jones, Sasha. "Second Coming: D'Angelo's Triumphant Return." The New Yorker. January 12, 2015. https://www.newyorker.com/magazine/2015/01/12/second-coming.

George, Nelson. Black Messiah liner notes. RCA Records. 2014.

hampton, dream. "D'Angelo: Soul Man." Vibe. Vol. 8, No. 3, April 2000. https://www.dreamhampton.com/articlesarchived/2019/2/3/soul-man-dangelo.

Harris, Keith M. "'Untitled': D'Angelo and the Visualization of the Black Male Body." Wide Angle. Johns Hopkins University Press. Vol. 21, No. 4, October 1999. https://doi.org/10.1353/wan.2004.0003.

Herrera, Isabelia. "Meet Gina Figueroa, the Boricua Woman Who Inspired and Co-Wrote D'Angelo's Grammy-Nominated 'Really Love'." Remezcla. February 16, 2016. https://remezcla.com/features/music/gina-figueroa-d-angelo-really-love-interview/.

Hilburn, Robert. "Year in Review in Pop Music; Robert Hilburn's Top 10: Offensive? Sometimes. Compelling? Always." Los Angeles Times. December 24, 2000.

Holy Bible, The [New International Version]. Zondervan. 2001.

hooks, bell. We Real Cool: Black Men and Masculinity. New York and London: Routledge. 2004.

Hunter, Charlie. Interview by author. Digital recording. Grayslake, Ill. April 15, 2019.

Hunter, James. "Review: D'Angelo, Voodoo." Rolling Stone, No. 833, February 3, 2000.

Jackson, Ronald. Scripting the Black Masculine Body: Discourse and Racial Politics in Popular Media. Albany: SUNY Press. 2006.

Jones, Alisha Lola. Interview by author. Digital recording. Grayslake, Ill. January 31, 2019.

Jones, Steve. "D'Angelo's Timeless Magic: R&B Revivalist Conjures Spirit of Hendrix to Craft Voodoo." USA TODAY. January 25, 2000.

Kajikawa, Loren. "D'Angelo's Voodoo Technology: African Cultural Memory and the Ritual of Popular Music Consumption." Black Music Research Journal. University of Illinois. Vol. 32, No. 1, Spring 2012.

King, Jason. "The Time Is Out of Joint: Notes on D'Angelo's Voodoo (new liner notes of the Light in the Attic vinyl rerelease of Voodoo.)" December 2012
http://passthecurve.com/post/41942596825/the-time-is-out-of-joint-notes-ondangelos.

Knowles, Solange et al. "Solange, Janelle Monae, Thundercat, Beyoncé and More Celebrate 15 Years of D'Angelo's Voodoo Album." Saint Heron. January 2015.
https://saintheron.com/saint-heron-and-friends-celebrate-15-years-of-dangelosvoodoo/.

Lacy, Anne. "Which Comes First in Contemporary Music Technology: The Musician or the Machine?" Vice. February 10, 2016.
https://www.vice.com/en_us/article/ae8kvz/whichcomes-first-in-contemporary-music-technology-the-musicianor-the-machine.

Leeds, Alan. Interview by author. Digital recording. Grayslake, Ill. April 18, 2019.

Lewis, Miles Marshall. "Prophecy Fulfilled." The Village Voice. February 1, 2000.

Mayer, John. "Open Letter to D'Angelo." Esquire. Reprinted December 15, 2014 (originally published in 2005).
https://www.esquire.com/entertainment/music/a31473/dangelo-johnmayer/.

McGee, Bill. Personal interview by author. Digital recording. Richmond, Va. August 10, 2018.

McLeod, Ken. "The Construction of Masculinity in African American Music and Sports." American Music. University of Illinois, Summer 2009.

Mulvey, Laura. Visual and Other Pleasures. Bloomington: Indiana University Press, 1989.
Murphy, Keith. "6—Untitled." Vibe. March 4, 2011.

New Harvard Dictionary of Music, The.
https://web.library.yale.edu/cataloging/music/vocal-ranges

"100 Best Albums of the 2000s." Rolling Stone. July 18, 2011. https://www.rollingstone.com/

music/music-lists/100-best-albums-of-the-2000s-153375/fleet-foxes-fleetfoxes-2-186430/.

Peisner, David. "D'Angelo: What the Hell Happened?" Spin. August 5, 2008.
http://www.spin.com/articles/dangelo-whathell-happened?utm_source=share-email&utm_medium=button.

Perry, Imani. Interview by author. Digital recording. Grayslake, Ill. January 11, 2018.

Perry, Imani. Prophets of the Hood: Politics and Poetics in Hip Hop. Durham: Duke University Press. 2004.

Phillips, Yoh. "How Richmond Rapper Michael Millions Miraculously Cleared Two D'Angelo Samples." DJ Booth. March 4, 2019.
https://djbooth.net/features/2019-03-04-michael-millions-cleared-two-dangelo-samples.

"?uestlove (Ahmir Thompson) interviews D'Angelo." Okayplayer. [no month available] 1999.
https://www.okayplayer.com/dangelo/interview.html.

Ruggieri, Melissa. "How Things Have Changed for D'Angelo." Richmond Times-Dispatch. September 1, 1996.

Serjeant, Jill. "Streaming Overtakes U.S. Digital Music Sales for First Time: Nielsen." Reuters. January 5, 2017.
https://www.reuters.com/article/us-music-streaming-idUSKBN14P1YH.

Souleo. "Angie Stone: Soul on the Outside." EBONY. August 16, 2012.
https://www.ebony.com/entertainment/interviewangiestone-*soul-on-the-outside-488/.*

Summers, Dion. Interview by author. Grayslake, Ill. July 17, 2017.

Sweney, Mark. "Slipping Discs: Music Streaming Revenues of $6.6bn Surpass CD Sales." The Guardian. April 24, 2018.
https://www.theguardian.com/technology/2018/apr/24/musicstreaming-revenues-overtake-cds-to-hit-66bn.

Thompson, Ahmir. "Questcorner Reviews: D'Angelo, Voodoo." Okayplayer.com. [No month available] 1999.
https://www.okayplayer.com/theroots/qreviewdangelo.htm.

Thompson, Ahmir and Ben Greenman. Mo' Meta Blues: The World according to Questlove.

New York: Grand Central Publishing. 2013.

Touré. "D'Angelo Is Holding Your Hand." Rolling Stone, No. 840, May 11, 2000.

Unsung [TV program]. "Angie Stone." TVOne. First aired January 28, 2015.

Urban Dictionary. https://www.urbandictionary.com

Wallace, Amy. "Amen! (D'Angelo's Back)." GQ. June 2012.

Williams, Chris. "The Soulquarians at Electric Lady: An Oral History." Red Bull Music Academy Daily. June 1, 2015.
https://daily.redbullmusicacademy.com/2015/06/the-soulquarians-atelectric-lady.

Williams, Saul. Voodoo liner notes. Virgin Records. 2000.

Worldwide FM. "Classic Album Sundays: Voodoo Part 2—An interview with Russell Elevado." New York, NY. January 1, 2017.
https://www.mixcloud.com/worldwidefm/classicalbum-sundays-voodoo-part-2-an-interview-with-russellelevado-01-01-17/

XXL Staff. "20 Times Rappers Big-Up Donald Trump in Their Lyrics." XXL. November 10, 2016.
http://www.xxlmag.com/news/2016/11/rap-lyrics-with-donald-trump/.

著者紹介

フェイス・A・ペニック

Faith A. Pennick

シカゴ生まれ。ロサンゼルスを拠点に活動する映画監督、作家。最新作は、プラスサイズの女性スキューバダイバーたちを撮った短編ドキュメンタリー『Weightless』。

訳者略歴

押野素子

Motoko Oshino

東京都出身。米・ワシントンD.C.在住。青山学院大学国際政治学部、ハワード大学ジャーナリズム学部卒。訳書に『ヒップホップ・ジェネレーション』（リットーミュージック）、『フライデー・ブラック』（駒草出版）、『MARCH』（岩波書店）、『THE BEAUTIFUL ONES プリンス回顧録』（DU BOOKS）など。

ディアンジェロ《ヴードゥー》がかけたグルーヴの呪文《じゅもん》

初版発行　2021年5月14日

著　フェイス・A・ペニック
訳　押野素子《おしのもとこ》
デザイン　森田一洋
日本版制作　小澤俊亮（DU BOOKS）
発行者　広畑雅彦
発行元　DU BOOKS
発売元　株式会社ディスクユニオン
東京都千代田区九段南3-9-14
［編集］TEL.03.3511.9970　FAX.03.3511.9938
［営業］TEL.03.3511.2722　FAX.03.3511.9941
http://diskunion.net/dubooks/

印刷・製本　大日本印刷

Special Thanks　吉田雅史

ISBN978-4-86647-144-0
Printed in Japan

本書の感想を
メールにてお聞かせください。
dubooks@diskunion.co.jp

DU BOOKS

J・ディラと《ドーナツ》のビート革命

ジョーダン・ファーガソン 著　ピーナッツ・バター・ウルフ 序文　吉田雅史 訳

ヒップホップ史に輝く不朽の名作『Donuts』には、J・ディラ最期のメッセージが隠されていた——。Q・ティップ、クエストラヴ、コモンほか盟友たちの証言から解き明かす、天才ビートメイカーの創作の秘密。日本語版のみ、自身もビートメイカーとして活動する本書訳者・吉田雅史による解説（1万2千字）＆ディスクガイドを追加収録。

本体1800円＋税　四六　256ページ　好評3刷！

カニエ・ウェスト論

《マイ・ビューティフル・ダーク・ツイステッド・ファンタジー》から
読み解く奇才の肖像

カーク・ウォーカー・グレイヴス 著　池城美菜子 訳

天才芸術家にして、当代一の憎まれ屋——その素顔とは？　21世紀屈指の名盤『My Beautiful Dark Twisted Fantasy』を題材に、そのナルシシスティックな人物像と彼の生み出す作品を読み解く。訳者による解説（1万2千字）のほか、これまでのキャリアを総括した巻末付録「カニエ・ウェスト年表」も収録。

本体1800円＋税　四六　256ページ

スカイ・イズ・ザ・リミット

ラッパーでもDJでもダンサーでもない僕の生きたヒップホップ

市村康朗＋公文貴廣 著

ブルックリンから持ち帰った"衝撃"が、日本のヒップホップの"未来"をつくった——
1997年に設立され、Zeebra や OZROSAURUS、SOUL SCREAM らを擁した国内初のヒップホップ専門メジャーレーベル「フューチャー・ショック」のオーナーによる自伝的小説。

本体2200円＋税　四六　336ページ

インディラップ・アーカイヴ

もうひとつのヒップホップ史：1991-2020

Genaktion 著

小説のような文学的表現、政府・メディアの欺瞞を突く痛烈なメッセージ、困難に屈しない希望の詩。あなたの知らないラップがこの一冊に。
インディレーベルからリリースされたヒップホップ作品＝〈インディラップ〉のアルバム500枚をレビューしたディスクガイド。ライミング構造を徹底解剖するコラム〈リリックの読み解き方を考える〉、荏開津広による著者インタビューも収録。

本体2300円＋税　A5　232ページ（オールカラー）